Logiques Juridiques

Fondée par Gérard Marcou
Dirigée par Jean-Claude Némery et Thomas Perroud

Le droit n'est pas seulement un savoir, il est d'abord un ensemble de rapports et pratiques que l'on rencontre dans presque toutes les formes de sociétés. C'est pourquoi il a toujours donné lieu à la fois à une littérature de juristes professionnels, produisant le savoir juridique, et à une littérature sur le droit, produite par des philosophes, des sociologues ou des économistes notamment.

Parce que le domaine du droit s'étend sans cesse et rend de plus en plus souvent nécessaire le recours au savoir juridique spécialisé, même dans des matières où il n'avait jadis qu'une importance secondaire, les ouvrages juridiques à caractère professionnel ou pédagogique dominent l'édition, et ils tendent à réduire la recherche en droit à sa seule dimension positive. À l'inverse de cette tendance, la collection « Logiques juridiques » des éditions L'Harmattan est ouverte à toutes les approches du droit. Tout en publiant aussi des ouvrages à vocation professionnelle ou pédagogique, elle se fixe avant tout pour but de contribuer à la publication et à la diffusion des recherches en droit, ainsi qu'au dialogue scientifique sur le droit. Comme son nom l'indique, elle se veut plurielle.

Dernières parutions

Catherine Teitgen-Colly, Gilles Manceron, Pierre Mansat (dir.), *Les disparus de la guerre d'Algérie. Suivi de La bataille des archives 2018-2021*, 2021.
Mon-espoir MFINI, *Le régime général des obligations. Notions générales,* 2021.
Romélien COLAVITTI et Sophie CORIOLAND (dir.), *Question prioritaire de constitutionnalité (QPC) et Etat de droit*, 2021.
Solène GOBIN, *Garantie et contre-garantie au service du contrat initial. Contribution à la compréhension des logiques élémentaires en droits civil, bancaire et financier,* 2021.

La confusion juridique des personnes et des choses

Un péril mortel pour l'humanité ?

5-7, rue de l'École polytechnique, 75005 Paris

www.harmattan.fr

ISBN : 978-2-343-23612-4
EAN : 9782343236124

Xavier Labbée

La confusion juridique des personnes et des choses

Un péril mortel pour l'humanité ?

L'Harmattan

AVANT-PROPOS

Lettre à mon directeur de thèse

Mon cher Jean Jacques,

Bien des années se sont écoulées depuis la publication de « *la condition juridique du corps humain avant la naissance et après la mort* » qui m'a permis d'obtenir le grade de docteur en droit... et pourtant je n'ai pas vu le temps passer. Pour la plupart des étudiants, l'élaboration d'une thèse constitue un pensum et la soutenance marque souvent une libération témoignant de la fin d'études devenues pesantes... et de la carrière d'étudiant. Pour moi, sa rédaction fut plutôt joyeuse. Dans les années 1980, oser prétendre que le cadavre n'est qu'une chose et que sa condition dépend du droit des biens semblait relever du canular estudiantin ou d'une volonté provocatrice : à l'époque toute la doctrine affirmait, derrière Jean Carbonnier, que le corps n'est pas une chose mais qu'il est la personne car « *mon corps n'est pas à moi puisque mon corps c'est moi* ». Tout était dit.

Comment osez- vous affirmer que le corps humain est dans le commerce juridique ? J'avais pourtant un argument concret : mon ticket de caisse ! Il faut se souvenir que la date de la soutenance avait été reportée d'un mois car un membre du jury avait contracté la varicelle. Ce sont des choses qui arrivent quand on est jeune maman. Seulement voilà ! À la date finalement retenue, c'est le candidat qui avait hérité de cette fichue maladie. Et là, il ne fut plus question de renvoi... il fallait en sortir et soutenir coûte que coûte ! C'est ainsi que je fus amené à devoir acheter, sur prescription médicale et en urgence, une bouteille de sang spécialement traité qu'il ne me restait plus qu'à recevoir en injection pour être parfaitement en forme et affronter le jury... J'ai conservé le carton, la bouteille et son étiquette où figurent en gros caractères les mots « sang humain »... et la preuve de mon achat. Cette bouteille, ce n'était pas moi mais c'était la mienne. Carbonnier s'était-il trompé ?

Mais je ne pouvais pas deviner que la soutenance de thèse serait le début d'une longue histoire, qui allait m'amener à plaider la cause du corps humain dans tous ses états devant bien des juridictions, parfois dans les medias, mais aussi lors d'auditions à l'assemblée nationale ou au sénat. Pour ton information, l'article 16-1-1 du code civil issu de la loi du 19 Décembre 2008 ne dit pas tout à fait en la forme que « *les débris composant le corps désagrégé sont éminemment respectables* » selon la formule reproduite au Recueil Dalloz et suggérée à la haute assemblée. Mais sur le fond l'esprit y est... Je ne pouvais pas deviner non plus que je commencerais à écrire dans les revues scientifiques. Au fond, la délivrance du titre de docteur confère le droit de soutenir ses travaux ailleurs que dans l'université.

À bien y réfléchir, le dualisme cartésien qui fait de la personne l'alliance d'un corps et d'un esprit (ou si l'on veut d'une âme) trouve en droit sa parfaite traduction dans la distinction millénaire des personnes et des choses, du sujet de droits et des objets de droit. Et, à condition d'admettre que le corps n'est que l'élément matériel accessoire de la personne, on comprend facilement qu'en application de la règle « *accessorium sequitur principale* » il peut être considéré comme la personne lorsqu'il est à son service, mais redevient une chose lorsqu'il ne l'est pas ou ne l'est plus. L'adage latin nous permet par la même occasion de donner un statut juridique aux instruments de prothèse, comme le fit le tribunal de Lille avec l'histoire du dentier saisi qui a fait le tour de la planète et celle du chien d'aveugle accidenté, dont on a parlé jusqu'au Costa Rica. Tout cela est finalement logique, permet peut-être de résoudre l'énigme posée par la définition du corps humain, et traduit en tout cas la réalité de la règle de droit contemporaine, qui réifie volontiers le corps humain sans pour autant réifier la personne.

Cette belle analyse ne sera-t-elle pas inévitablement remise en cause dans la société post-humaine, formée d'hommes robotisés et d'humanoïdes, vers laquelle nous roulons à tombeau ouvert ? Lorsque le droit ne fera plus de différence entre une personne et une chose, on pourra dire que la société ne sera plus composée d'êtres humains. Et le droit aura perdu sa fonction. La confusion des notions, qui apparaît en marche, est donc mortelle pour l'humanité. C'est l'idée présentée aujourd'hui dans le présent essai à destination des étudiants de master de Lille et Cambrai qui suivent mon enseignement de droit des personnes spécialement dédié au corps humain. Evidemment, l'ouvrage n'est pas une thèse mais plutôt une sorte de mémoire de fin d'études... car un professeur n'est jamais au fond qu'un étudiant qualifié. Offrira-t-il un thème de réflexion et de recherche à de futurs thésards ? Constituera-t-il pour eux le début d'une nouvelle aventure ? Si cela pouvait-être, j'en serais très fier.

Mon éditeur, qui a réédité la thèse vingt-cinq ans plus tard *« dans son jus »* a eu la gentillesse de me dire qu'il s'agit « *d'une grande thèse* ». Sur le moment, l'expression m'avait rempli de confusion. Qu'est-ce qu'une grande thèse ? Le qualificatif n'est-il attribué qu'en fonction du nombre d'exemplaires vendus ? N'est-il pas avant tout subjectif ? Ou est-il plus sûrement synonyme de durabilité ? J'ai longtemps réfléchi sur le sens de cette expression.

C'est en relisant la préface que tu avais eu la gentillesse d'écrire à l'époque, et qui donne une analyse éclairante du travail, de la démarche de l'auteur et des interrogations qu'il suscite, et c'est aussi en relisant toutes les postfaces des livres qui ont suivi, que je réalise aujourd'hui que j'ai eu la chance d'avoir un grand directeur de thèse comme il y en a peu dans l'université française. Le critère de la grande thèse serait-il finalement là ? Peut-être, mais il faut s'accorder sur le sens des mots. Un grand directeur de thèse ne dirige pas nécessairement un grand laboratoire de recherches doté de multiples départements, où l'on trouve beaucoup de chercheurs qui cherchent mais où l'on cherche les chercheurs qui trouvent. Diriger une thèse, c'est non seulement donner des conseils de méthode pour rédiger un travail convenable qui pourra être présenté à un jury, mais c'est aussi veiller à ce que l'ouvrage puisse constituer pour la recherche scientifique un instrument utile et solide sur lequel on peut s'appuyer durablement : ce qui suppose beaucoup de science et aussi une grande disponibilité pour la réflexion tant il est vrai, comme m'avait dit Danièle Mayer, que « *la recherche est une grande chaîne dont chaque chercheur est un maillon* ».

Mais diriger, c'est ensuite accompagner et suivre l'élève pour la suite de l'histoire... car c'est effectivement le jour de la soutenance que tout commence. C'est ce jour-là que s'opère, comme diraient les civilistes, une novation et que la fonction de « direction » se transforme plus simplement en une amitié plus solide encore que la thèse... pour la plus grande chance du candidat. Merci pour tout !

Xavier

INTRODUCTION

La distinction juridique des personnes et des choses, fondement du droit et de la civilisation

Il n'est pas incongru, pour un juriste, de songer à disserter sur la fin du monde[1], dans la mesure où celle-ci - souvent décrite par les revues scientifiques en différents scénarios prédictifs[2] - a été officiellement annoncée par Emmanuel Macron : *« la fin du monde et les fins de mois ? Nous allons traiter les deux ! »* Le président de la République avait été, à l'époque, brutalement confronté aux revendications des *« gilets jaunes »* alors qu'il évoquait dans le même temps, avec une certaine gravité, la nécessité impérieuse d'assurer sur la planète la transition écologique. Son propos a pu susciter des questions : si l'événement fatal est aussi inévitable qu'insurmontable... pour-

---

[1] Xavier Labbée « *La fin du monde, la fin du droit ou la transition juridique ?* » Recueil Dalloz N°2, p 7803 du 24 Janvier 2019. Les présentes lignes sont extraites de cette publication.

[2] Céline Deluzarche, Futura sciences, 3 février 2020 « Fin du monde ? Huit scénarios possibles : une super éruption volcanique provoquant un hiver permanent, une météorite géante entrant en collision avec la terre, un déclin démographique inexorable, un réchauffement climatique rendant la terre invivable, une guerre nucléaire généralisée, une épidémie incontrôlable, une famine mondiale déclenchée par le déclin de la biodiversité, un bombardement cosmique » wwwfutura-sciences.com

quoi donc se préoccuper *« des fins de mois »*[3] ? Pourquoi se faire du souci puisque tout semble définitivement fini ? *« Faisons donc une dernière fois la fête comme sur le Titanic avant le grand plongeon... »*[4]

De fait, à l'heure où nous écrivons, l'Océanie, la Sibérie australe et la Californie ont été totalement ravagées par le feu[5], une pandémie mondiale, qui nous confronte à un nouveau virus mortel, s'est déclarée et n'est à ce jour pas maîtrisée, les glaciers fondent[6] à une vitesse exponentielle car le réchauffement planétaire désormais acquis en son principe, paraît incontrôlable. Plusieurs villages du Sud de la France ont été totalement détruits suite à l'épouvantable tempête Alex[7] qui provoqua des crues catastrophiques. L'islamisme fait régner la terreur sur la terre[8]. Un nombre important d'espèces animales et végétales ont d'ores et déjà disparu[9]... et les hommes dévorés par l'égoïsme, semblent ne plus s'aimer. Qu'avons- nous fait de la planète ?

Pourtant l'annonce présidentielle n'est pas aussi noire qu'il y paraît puisqu'elle se double d'un autre message : il faudrait assurer *« la transition écologique »* comme si l'apocalypse n'était, au fond, qu'une étape préfigurant l'avènement d'un autre monde totalement différent. L'Humanité devrait s'éteindre avant que naisse une ère nouvelle, que l'on appelle déjà « post-humanisme »[10].

---

[3] V° par exemple Le point 27 Novembre 2018 « *Macron veut traiter fin du monde et fin de mois en même temps* » lepoint.fr

[4] *« La fin du monde, la fin du droit ou la transition juridique »* précité

[5] Ludovic Dupin « *Californie, Sibérie, Australie... le règne du feu* » Newsletter Novethic. 26 Août 2020, Novethic.fr

[6] Rebecca Jackson « *La terre a perdu 28 milliards de tonnes de glace en vingt-trois ans* » Futura-Sciences 26 Août 2020 ; Jenny Howard *« En Alaska, les glaciers fondent cent fois plus vite que prévu »* nationalgeographic.com

[7] « *Intempéries dans les Alpes maritimes : 55 communes en état de catastrophe naturelle* » www.banquedesterritoires.fr

[8] Bernard Rougier (dir) « *Les territoires conquis de l'islamisme* » 8 Janvier 2020, PUF.

[9] « *750 espèces animales disparues, 2700 en voie d'extinction* » https//www.franceculture.fr

[10] Le post-humanisme est un courant de pensée apparu à la fin du XXème siècle. Il prédit la disparition de l'humanisme et suppose la « *création d'un nouveau système de valeurs, accompagnant la production d'êtres nouveaux et*

La période de « transition » (qu'on nomme « *Transhumanisme* ») serait celle que nous traversons aujourd'hui. Elle constituerait donc une période charnière, transitoire, entre deux époques : le monde d'hier et le monde de demain. Il n'est pas impossible que cette période soit relativement courte et que le passage d'un monde à l'autre ne se fasse pas en douceur : un phénomène brutal d'apocalypse n'est pas exclu. En littérature, il est devenu aujourd'hui relativement courant et même banal de parler du transhumanisme. Des philosophes, des penseurs et partant des juristes, ont écrit[11] autour de ce mot qui ne ressortait, il y a quelques années à peine, que du langage de la science-fiction.

Comment l'Humanité pourrait-elle survivre à l'Apocalypse ? Le transhumanisme n'est-il qu'un passage traduisant l'évolution de l'homme et sa légendaire perfectibilité, ou annonce-t-il plus profondément une rupture et l'avènement d'un monde totalement nouveau ?

L'astrophysicien Stefan Hawking affirme que l'homme doit rapidement partir à la conquête d'une autre planète hospitalière pour éviter la catastrophe qui l'attend inexorablement[12] : « *D'ici 2600, la terre se transformera en une énorme boule de feu.*

---

légitimant le pouvoir de ceux qui bénéficieront des technologies d'augmentation de l'être humain » V° Jean-Michel Besnier « *Le post-humanisme* » Editions de Vive Voix ; Francis Fukuyama « *La fin de l'homme. Les conséquences de la Révolution biotechnique,* La table Ronde, 2002, 366 pages ; Jean Paul Baquiast *Ce monde qui vient : sciences, matérialisme et post-humanisme au XXIème siècle* Paris, L' Harmattan 2014.

[11] V° par exemple Luc Ferry « *La révolution transhumaniste* » Avril 2016, Plon, 216 p ; Franck Damour et David Doat « *Transhumanisme, quel avenir pour l'humanité* ? » Paris, Le Cavalier Bleu, 2018, 208 p. ; Pedrot et Larrieu «*Transhumanisme* » Collection MA dirigée par Christian Byk ; V° aussi «*Transhumanisme : questions éthiques et enjeux juridiques* » sous la direction d'Yvonne Flour et de Pierre Louis Boyer, UCO coll. Paroles et silence, Académie Catholique de France et spécialement les interventions d'Olivier Echappé « *Le transhumanisme saisi par le droit* » et Gregor Puppinck « *Transhumanisme et droits de l'homme* ».

[12] Le journaliste Xavier Demeersmann (Futura Sciences 10.11.2017) rappelle les propos tenus par le célèbre astrophysicien lors d'une conférence vidéo donnée pendant le Tencet WE Summit de Pékin, le 5 Novembre 2017. V° « Stephan Hawking transhumaniste ? Lire son dernier livre « *Brief answers to the big questions* » Hardcover Octobre 2018

L'humanité doit faire des plans pour quitter la planète. Sinon nous risquons l'extermination ». Ce scénario, qui a pu inspirer le cinéma, serait maintenant envisagé[13]. D'autres disent que l'homme doit se transformer pour ne pas périr : il faudrait modifier génétiquement l'humain pour qu'il puisse résister aux maladies[14] et ne pas mourir[15], lui greffer des ailes pour qu'il puisse se déplacer autrement qu'en voiture, imaginer une peau ignifugée pour qu'il résiste aux incendies qui ravagent la planète et de nouvelles narines filtrantes pour lui permettre d'évoluer sereinement dans une atmosphère désormais empestée. Il faudrait en fait créer une nouvelle espèce qui serait composée d'êtres chimériques ou fantastiques, comme en fournit la mythologie dont les récits fourmillent de Sirènes, de Centaures[16], de Géants, de Gorgones, de Sphinx, de Méduses ou de Cyclopes. Mais cette nouvelle espèce ne serait alors plus humaine[17]... Comment l'homme pourrait-il se reconnaître en de telles créatures qui ne sont plus faites « à son image » ? A-t-on bien le droit de créer des embryons chimériques[18] ?

D'autres penseurs enfin décrivent plus simplement - à l'heure où arrive sur la scène juridique le robot humanoïde -

---

[13] Par ex : Vincent Bordenave « *L'homme pourra-t-il un jour coloniser une nouvelle planète ?* » Le figaro 6 Février 2018 ; Magali Rangin « *Devrons nous un jour quitter la terre comme dans Interstellar ?* » 12 Nov 2014 BFMTV.com

[14] Le vaccin proposé par l'entreprise Pfizer pour lutter contre la Covid 19 a ainsi suscité une inquiétude dans la population : modifie-t-il le génome ? « *Covid-19 : les vaccins peuvent-ils modifier l'ADN ?* » franceculture.fr

[15] Anne Blandine Caire « *L'homme congelé* » In « L'homme augmenté » (colloque) PU Septentrion 2015

[16] V° P.J Delage « *Chimères de la bioéthique* » in « Science-fiction et science juridique » IRJS Editions, 2013, p 107 et suiv. V° également Jacqueline Leclercq Marx « *Du monstre androcéphale au monstre humanisé : à propos des sirènes et des centaures et de leur famille, dans le Haut Moyen Age et à l'époque romane* » Cahiers de civilisation médiévale année 2002

[17] Xavier Labbee « *Esquisse d'une définition civiliste de l'espèce humaine* » Rec. Dalloz.1999, Chron p 437

[18] PJ Delage « *Chimères de la bioéthique* » précité p 110. V° également Jordane Segura « *Eléments de réflexion et d'analyse autour du statut des chimères réelles et de l'animal dans les xénogreffes et les biotechnologies* » Gaz. Pal. 2008, Doctrine p 3968

l'apparition de l'homme robotisé qu'on appelle encore cyborg[19] dans les romans de science-fiction[20]. Le corps de cet homme se voit renforcé - comme celui de Batman - par la technologie et les biotechnologies. De fait, on ne compterait plus aujourd'hui sur Superman (le fils de Dieu)[21] pour sauver l'humanité, mais plutôt sur l'homme augmenté au nom de chauve-souris... Nous commençons à croiser des hommes ainsi modifiés et il est vrai qu'actuellement, il ne faut plus faire un grand effort pour imaginer un homme porteur d'un casque muni d'oreillettes et d'un micro (pour communiquer à distance) d'un masque et d'une visière (pour échapper aux virus mais également pour voir la nuit ou recevoir des informations visuelles) et d'un exosquelette pour l'assister dans ses mouvements. Nous observons que tous les accessoires que nous venons de citer et dont s'affuble volontiers l'être humain, existent d'ores et déjà et n'entrent pas nécessairement dans la catégorie des dispositifs médicaux. Ils n'ont d'autre but que de donner à l'individu des pouvoirs qu'il n'a pas naturellement. Insensiblement, ils modifient pourtant sa physionomie. Mais cet homme robotisé, qu'on qualifie aussi

---

[19] Le mot, issu de la contraction de « *Cybernetic organism* » désigne un être humain qui a reçu des greffes de parties mécaniques qu'il commande lui-même. Au fond, tout porteur d'un instrument bionique serait un homme robotisé ou cyborg. Il y aurait sur terre aujourd'hui beaucoup de cyborgs si l'on suit cette définition. Le cyborg se distingue en tout cas du pur robot qui n'est en l'état qu'une simple chose V° PJ Delage « *Le transhumanisme : entre réception et dangers* » in « Transhumanisme : questions éthiques et enjeux juridiques » (dir. Yvonne Flour et P.L Boyer) Parole et silence. p 231

[20] Xavier Labbée *L'homme robotisé* J. Cl civil fascicule 56, sous article 16 C.civ.

[21] Le personnage de Superman nous semble directement inspiré de la personne du Christ : Superman est le fils d'un dieu habitant la planète Krypton. Son père, qui est donc « aux cieux » l'envoie sur terre pour sauver l'Humanité. Ce fils de Dieu incarné en homme (Clark Kent) fait, à l'image du Christ, des miracles et accomplit des prouesses pour remplir sa mission. Mais à la différence de lui, ne ressuscite pas et ne promet pas de vie éternelle. Batman n'est en revanche qu'un simple humain augmenté, qui ne tire ses pouvoirs que des gadgets qui renforcent son corps (une cape pour le protéger du feu, un costume pare-balles, une ceinture contenant des armes létales, et des ailes de chauve-souris pour voler). Batman comme Superman sont des justiciers qui luttent contre le crime. Mais ni l'un ni l'autre ne promettent la vie éternelle.

« d'homme hybride[22] » est-il encore totalement humain ? Sa venue ne fait-elle que traduire l'évolution de l'humanité ou préfigurer plus durement sa disparition ?

Il est naturel pour le juriste de s'interroger sur l'évolution ou la fin de l'Humanité (et donc sur l'issue de ce que l'on pourrait appeler la « transition juridique ») car le droit est bien un pur produit de l'Humanité devenue civilisée. C'est même son expression. C'est ce qui la caractérise. Dans sa prophétie de la fin du monde, Saint Jean nous explique - bien mieux que Steven Spielberg - que l'Apocalypse dont il a eu la vision à Pathmos[23], servirait de décor au jugement dernier. Ce mot ne peut qu'interpeller le juriste. Il est dit que le fils de Dieu incarné en homme revient sur terre « *juger les vivants et les morts* » (après avoir lui-même été victime durant sa vie terrestre d'une erreur judiciaire[24]). La fin de l'humanité s'illustre donc par un acte juridictionnel que certains ont cru pouvoir décrire[25]. Elle se termine ainsi par une décision de justice et c'est pourquoi la fin du monde ne peut pas laisser le juriste indifférent. Juger serait donc le propre de l'homme et le « dernier » témoignage de l'activité humaine serait un acte de droit. On comprend plus profondément que la fin de l'Humanité correspond à la mort de

---

[22] Bernard Andrieu, *L'homme hybridé, mixités corporelles et troubles identitaires* in « l'humain augmenté » (dir. Edouard Kleinpeter) CNRS éditions, pp. 113 et suiv.)

[23] John H Alexander *L'apocalypse verset par verset* La maison de la bible, Genève Paris 9eme Edition 2001 ; Charles Brutsch *La clarté de l'apocalypse*, commentaires bibliques, Labor et Fides Genève 1966 ; Edouard Delebecque *l'apocalypse de Saint Jean* Mame, 1992 ; Elian Cuvilier « *Apocalypse de Jean* » (dir Daniel Marguerat) *Introduction Nouveau Testament : son histoire, son écriture, sa théologie*. Labor et fides 2008 4eme éd.

[24] Le Christ a été condamné à la crucifixion par le peuple juif aux motifs qu'il prétendait être « le roi des Juifs ». Ponce Pilate a voulu dans un premier temps, éviter de juger l'affaire en se déclarant incompétent au profit de la juridiction présidée par Caïphe. Mais finalement, pour rétablir l'ordre public, Pilate laissera au peuple juif, en se lavant les mains et sur le fondement d'une coutume juive, le soin de régler le sort de celui qu'il qualifie néanmoins de « juste ».

[25] Saint Thomas d'Aquin « *Traité des fins dernières* » (V° *Les fins dernières*, supplément à la somme théologique de Saint Thomas d'Aquin Ed Cerf Paris 1961) RP Hyacinthe Le Febvre «*Traité du jugement dernier* » Denys Thierry Ed. Paris 1674

toutes les sciences humaines et sociales dont le droit fait partie[26] : on ferme définitivement la porte du tribunal et le dernier jugement est rendu... tout simplement parce qu'il n'y a plus d'humains à juger. Débute alors la période nouvelle du post-humanisme avec des créatures différentes, qu'on ne peut pour l'instant décrire, et le droit (dont l'objectif est de régler les rapports entre les hommes) a logiquement perdu sa fonction puisqu'il n'y a plus d'hommes. Il n'y aura plus de justice et de droit, au sens où nous entendons aujourd'hui ces notions, dans la période post-humaniste.

Les êtres nouveaux pourront alors placer le code civil et le code de procédure dans un musée ethnographique aux cotés des silex taillés et de la hache de fer. Le monde est devenu différent et les rapports entre les post-humains, ces nouvelles créatures qui peuplent désormais la terre, ne sont plus réglés par le droit[27] mais sans doute par autre chose qu'il nous est impossible de décrire et d'imaginer. Mais d'abord, comment définir l'humanité, la civilisation et le droit ?

a) L'humanité, la civilisation et le droit

On peut dire assez grossièrement que l'humanité est formée par l'ensemble des individus appartenant à l'espèce humaine et qui ont en commun certaines caractéristiques essentielles qui formeraient ce que l'on nomme de façon courante la « nature humaine ». L'homme serait doté d'une conscience qui l'inclinerait naturellement vers ce qui est beau et vers ce qui est bien et qui lui commanderait d'agir « avec humanité ». Cet ensemble d'humains est quelquefois personnifié à l'image d'une divinité païenne, qui serait titulaire d'un patrimoine et contre qui aucun crime ne pourrait être commis[28].

---

[26] Les sciences humaines et sociales regroupent selon l'O.C.D.E (manuel de Frascati) la psychologie, l'économie, la sociologie, la science politique, le droit, les sciences de l'environnement, l'histoire, les langues, la littérature, la philosophie et les arts

[27] Xavier Labbee « *Traiter ou régler n'est pas juger... Et c'est peut-être mieux ainsi* » La Gazette du Palais, 15 Septembre 2020, N°31 p.11

[28] La convention pour la sauvegarde du patrimoine mondial culturel ou naturel de l'UNESCO définit les sites naturels ou culturels qui méritent de faire partie

L'humanité a progressé avec l'entrée dans la civilisation. L'homme est devenu civilisé, dit-on, à partir du moment où il a découvert l'art, le droit, la morale et la religion. Le droit a donc constitué un progrès pour l'homme[29]. C'est par la grâce de la règle de droit et de la justice que les hommes se sont organisés et ont pu régler leurs rapports entre eux autrement que par la violence et la vengeance. Mais c'est aussi par la grâce de la règle de droit qu'ils ont pu définir leurs pouvoirs sur les choses qui les entourent (à l'image des animaux) et sur le décor dans lequel ils évoluent et qui forme la Nature.

L'homme civilisé s'est naturellement défini avec le droit, par rapport à ses semblables mais aussi - et surtout - par rapport au reste de la Création. C'est ainsi qu'il s'est placé de lui-même à son sommet (sans autre préoccupation : les théories évolutionnistes apparaîtront plus tard[30]). Cette façon de voir les choses est directement inspirée de la Bible. Le livre de la Genèse nous dit que Dieu a créé l'homme « *à son image* » (ce qui n'est pas rien : on n'a pas fini de disserter sur la signification de cette expression) après avoir créé le ciel, la terre, la mer, les végétaux et les animaux. L'animal est sans doute « *béni par Dieu* » comme une créature privilégiée, mais c'est finalement l'homme

---

du « patrimoine mondial ». Les crimes contre l'humanité et contre l'espèce humaine sont définis par le code pénal. L'idée de personnifier l'Humanité est ancienne ; elle est aujourd'hui renouvelée par les mouvements écologistes. Dans cette veine, certains systèmes attribuent la personnalité juridique à des fleuves ou des éléments de la Nature : à titre d'exemple, la haute cour de l'état himalayen de l' Uttarakhand a jugé, en mars 2017, que le Gange et le Yamuna doivent être désormais considérés comme des entités vivantes ayant le statut de personne morale et les droits y afférant V° « *Inde : le Gange doté d'une personnalité juridique* » wwwwsciences et avenir.fr 21 Mars 2017

[29] Jacques Leroy : « *La règle de droit, écrit Jean Carbonnier, est une règle de conduite humaine à l'observation de laquelle la société peut nous contraindre... le droit est construit par les hommes pour les hommes, définis en tant que sujets de droits* » in « Les hommes de Soror » in *Science- fiction et science juridique* (dir. PJ Delage) IRIS Editions pp 198 et suiv.

[30] Emmanuel Brochier « *L'éthique de Nick Bostrom et la morale de Darwin : le rôle de l'évolution dans le traitement des questions éthiques* » in « Transhumanisme : questions éthiques et enjeux juridiques » (dir) PL Boyer et Yvonne Flour Op.cit.

qui le « *domine*[31] » : par définition, l'homme ne se confond pas avec l'animal qui, même s'il est un être vivant d'inspiration divine, n'appartient pas à l'espèce humaine.

C'est ainsi que l'on dit de façon habituelle que « *la règle de droit a pour objet de régler les rapports entre les hommes* »[32] mais aussi qu'elle a pour objet de « *définir le pouvoir que les personnes ont sur les choses* ». Et voilà pourquoi on distingue - depuis Gaius et Justinien - le droit des personnes et le droit des biens[33]. La distinction des personnes et des choses est donc fort ancienne et constituerait l'essence même du droit et le « *fondement de la civilisation humaine* », comme le rappelle Philippe Malaurie[34]. Elle nous met en présence de deux branches du droit totalement distinctes et dont l'objet est totalement différent. Ces deux branches ne se confondent pas et constituent le gage de la bonne organisation sociétale. La distinction nous conduit logiquement à rappeler la définition juridique de la personne (b) et

---

[31] Le concept de « domination » est différent de celui de la « propriété ». Dans la Bible, l'homme est le « maître » de l'animal. Il n'en est pas propriétaire (comme dans le code civil) : pourquoi les juristes n'ont-ils jamais songé à exploiter cette notion aux fins de créer un nouveau droit réel sur l'animal ?

[32] Cette définition de la règle de droit est celle que l'on trouve généralement dans les manuels d'introduction au droit rédigés à l'attention des étudiants de première année de licence (V° Par exemple la quatrième de couverture de l'introduction au droit de François Terre et Nicolas Molfessis, Coll. précis Dalloz 11eme Ed).

[33] Les Institutes de Gaius, comme les Institutes de Justinien contiennent un préambule et quatre livres. Le premier est consacré aux personnes. Le second aux choses, le troisième aux obligations contractuelles, le quatrième aux obligations délictuelles. L'ordonnancement des Institutes évoque à peu de choses près celui de notre code civil. Il y a une véritable permanence dans la façon de définir le droit et de distinguer ses grandes catégories. V° Pour l'étude du droit romain : Raymond Monier, Manuel élémentaire de droit romain Editions Domat Montchrestien 1941 V° également Laurent Leveneur « *Les améliorations techniques du corps : le droit des biens face à l'homme* » in « Transhumanisme et questions éthiques et en jeux juridiques » (dir. Yvonne Flour et Pierre Louis Boyer) p 209 et suiv.

[34] « La distinction entre la personne humaine et la chose constitue le fondement principal de notre civilisation : elle a libéré l'homme de l'esclavage... C'est sur elle que repose la dignité de la personne » Philippe Malaurie « Les personnes » 5eme Edition, 2000, Ed Cujas page 22 N° 3

de la chose (c), et la place particulière qu'occupe le corps humain entre ces deux catégories (d).

b) La personne est sujet de droits

La qualité abstraite de sujet de droits est attribuée aux êtres ayant vocation à jouer un rôle sur la scène juridique[35]. Le droit leur attribue à cette fin des droits subjectifs, ayant ou non une valeur économique, réunis en un patrimoine qui est - dit-on depuis Aubry et Rau[36] - le reflet de la personnalité. Les êtres humains personnes physiques ont naturellement[37] la qualité de

---

[35] V° Sur cette notion Fr. Rousseau « *La personnalité juridique* » Traité des droits de la personnalité, 2013, Lexis Nexis pages 57 et suivantes. On peut aussi se référer à la définition du dictionnaire de culture juridique (Ss la direction de Denis Alland et Stéphane Rials Puf Lamy) au mot « personne ». Le mot « scène juridique » fait référence à l'étymologie du mot personne. « Persona » désignait à Rome le masque que porte l'acteur avant d'entrer en scène ainsi que le rôle de l'acteur.

[36] V° « *Aubry et Rau, leurs œuvres leurs enseignements* » (sous la direction de Jean Michel Poughon PUS 2006 avec l'intervention d'Alain Seriaux « *Heurs et malheurs de l'esprit de système : la théorie du patrimoine d'Aubry et Rau* » ; Anne-Laure Thomas Raynaud « *L'unité du patrimoine. Essai critique* » Defrénois 2007. « *Ce sont Aubry et Rau qui, dans leur célèbre cours de droit civil, ont au XIXème siècle, systématisé la notion de patrimoine en le considérant comme indissolublement lié à la personnalité. Le patrimoine est une émanation de la personnalité. Il est la personnalité de l'homme considéré dans ses relations avec les objets extérieurs. L'idée du patrimoine se déduit directement de celle de personnalité. Le patrimoine étant la projection de la personne sur le terrain des intérêts matériels, quatre principes ont été dégagés : a) seules les personnes peuvent avoir un patrimoine. On n'admet pas l'existence d'un patrimoine sans une personne. b) Toute personne a nécessairement un patrimoine car elle est apte à recevoir des droits et des obligations qui prendront place dans ce contenant Le patrimoine reste lié à la personne aussi longtemps que dure la personnalité. Il est donc intransmissible entre vifs) Une personne n'a qu'un patrimoine : celui-ci n'est pas plus divisible que la personnalité.* (François Terré Philippe Simler. *Les biens* Dalloz (coll. précis) 5eme édition p 8).

[37] L'attribution « naturelle » de la personnalité juridique aux êtres humains (sans distinction) est relativement récente ; elle résulte du décret du 27 Avril 1848 abolissant l'esclavage. Antérieurement, existait la catégorie des esclaves et ceux-ci n'étaient pas dotés de la qualité de sujet de droits. L'esclave était « objet de droit » et pouvait donc être donné, vendu, détruit. C'était un meuble qui pouvait devenir immeuble par destination et tomber pourquoi pas, en

sujet de droits qui leur est attribuée à la naissance (car tous les hommes naissent libres et égaux en droits[38]) et disparaît avec la mort[39].

Nous observons que la notion de personnalité juridique est (comme l'âme) désincarnée. L'individu est une personne juridique, non pas parce qu'il a un corps mais parce qu'il est titulaire d'un patrimoine renfermant ses droits subjectifs. La qualité de sujet de droits est donc abstraite. Cela est si vrai que l'on peut attribuer par fiction, aux groupements d'individus entrant dans une catégorie définie par la loi, la personnalité juridique qu'on dit alors « morale » (puisqu'elle n'a pas de corps « physique » pour l'incarner).

Pour repérer le sujet dans la société on lui donnera des « signes de la personnalité » à l'image du nom, du domicile (ou du siège pour les personnes morales), de la nationalité, de l'état civil, qui lui permettront d'exercer ses droits subjectifs. Sans ces signes, l'individu ne peut exercer les droits dont il est pourtant titulaire[40].

---

communauté. C'est l'ordonnance de Colbert de Mars 1685 qui a donné à l'esclave un véritable statut à travers ce que l'on a appelé le «code noir».

[38] Article 1 de la Déclaration des droits de l'Homme : « Les hommes naissent libres et égaux en droits ». C'est la naissance (et non la conception) qui conditionne l'attribution des droits subjectifs à l'individu. La personnalité juridique est donc distincte de la notion de vie humaine. L'enfant conçu est un être humain vivant non doté de la personnalité juridique. Il n'est donc pas protégé par le droit civil et pénal des personnes. L'Assemblée plénière de la cour de cassation l'a rappelé le 29 Juin 2001. « *Le principe de la légalité des délits et des peines impose une interprétation stricte de la loi pénale, et s'oppose à ce que l'incrimination prévue par l'article 221-6 du code pénal soit étendue au cas de l'enfant à naître* ». Une femme qui perd accidentellement l'enfant qu'elle porte ne peut déposer plainte pour homicide par imprudence contre l'auteur de l'accident, mais pour violences aggravées sur sa personne. L'enfant conçu n'est pas « autrui ». Rassat « *L'enfant à naître peut-il être victime d'un homicide involontaire ? L'assemblée plénière de la cour de cassation prend position* » JCP G 2001, II, 1056.

[39] Xavier Labbée *La condition juridique du corps humain avant la naissance et après la mort* préface de Jean Jacques Taisne PU Lille 1990, reed. Septentrion 2012

[40] Xavier Labbee « *L'amnésique* » Recueil Dalloz, 1997, p 27 Un homme amnésique qui a oublié son nom et ne sait plus où se trouve son domicile ne

La qualité de sujet de droit serait la traduction juridique de l'âme[41] selon l'analyse spiritualiste de celle-ci. Elle est incessible, insaisissable, imprescriptible et intransmissible.

Les rapports des personnes entre elles sont des rapports d'obligation. On parle de droits personnels. Un créancier dispose d'un droit personnel (une créance) sur son débiteur qui se trouve obligé envers lui. Des obligations spécifiques peuvent apparaître entre personnes appartenant à un groupement sociétal précis : ainsi le droit de la famille décrit les obligations spécifiques existant entre personnes liées par un lien de parenté ou d'alliance, stigmatisant la famille.

c) Les choses sont en revanche objets de droit

Elles ne jouent aucun rôle sur la scène juridique. Elles peuvent faire partie du patrimoine de l'individu et sont par principe (et sauf exceptions) cessibles, saisissables, prescriptibles et transmissibles. Elles sont classées en différentes catégories, tant leur régime juridique n'est pas uniforme. On distingue ainsi, par exemple, les meubles des immeubles, les choses dans le commerce et les choses hors du commerce, les corps certains et les choses de genre, les biens du domaine public et les choses communes...

Les rapports des personnes sur les choses sont des rapports d'appartenance ou d'usage. On parle de droits réels exercés sur la chose, à l'instar de la propriété, de l'usufruit, de la nue-propriété ou de l'usage. Enfin, on peut parfois immatriculer ou enregistrer un bien pour le situer géographiquement et connaître sa situation administrative.

Il s'ensuit que le droit civil et pénal des personnes est donc totalement différent du droit civil et pénal des biens. Ces ma-

---

peut plus exercer ses droits dont il est pourtant toujours titulaire. Il faut lui attribuer des signes provisoires à cette fin.

[41] Xavier Labbee « *L'enfant conçu* » J. Cl fascicule 50. Op.cit. L'analyse matérialiste de l'âme réduit la notion à un principe de vie, et conduit à dire que « Tout ce qui est vivant » serait titulaire d'une âme. L'analyse spiritualiste n'attribue au contraire une âme qu'à tout ce qui « pense » (Je pense, donc je suis). En fonction de cette analyse l'animal vivant ne peut être titulaire d'une âme et ne peut donc pas être titulaire de la personnalité juridique.

tières font l'objet de livres distincts dans les codes respectifs, et d'enseignements distincts dans les facultés. On ne les confond pas car leur objet est différent.

La distinction est claire et nous dicte de ne pas mélanger les genres, tout simplement parce que les règles présidant le droit civil ou pénal des personnes n'ont strictement rien à voir avec celles contenues dans le droit civil ou pénal des biens. Les mots eux-mêmes sont différents. Il demeure cependant qu'au cœur de cette distinction se trouve le corps humain qui va se trouver placé alternativement dans chaque catégorie.

d) Dans cette opposition, le corps humain a un statut hybride

Pourquoi ? Il faut d'abord rappeler qu'il est communément admis[42] que la personne est formée par la réunion de deux éléments[43]: un élément matériel (le corps) et un élément immatériel (l'âme). Le corps ne serait que la simple enveloppe de l'âme qui formerait l'élément principal de la personnalité. Il n'en serait que le « temple » selon Saint Paul, qui confirme ainsi son aspect matériel, accessoire de la personne.[44] Ce que ne contredit pas la pensée cartésienne[45].

---

[42] Exemple tiré du dictionnaire Wikipédia : « *L'âme, du latin anima, est le principe vital et spirituel, immanent ou transcendant, qui animerait le corps d'un être vivant (humain ou animal) et selon certains philosophes antiques, d'un végétal* ».

[43] V° Pour la représentation fantasmatique de la personne Xavier Labbee « *L'hologramme* » Gazette du Palais N° 264, 20 Septembre 2012

[44] Saint Paul a dit que « Le corps est le temple de l'âme ». (Corinthiens 6.19) Des auteurs (à l'image de René Dekkers ou encore Jean Carbonnier) emploient un langage plus prosaïque en disant que le corps n'est que « l'enveloppe », le « substratum » de la personne ou encore «la carcasse».

[45] « Je pense donc je suis » (je pense donc je suis une personne) Descartes, *Discours de la Méthode* 1637 En faisant de la pensée (et peut-être plus précisément de la conscience) l'élément caractérisant la personne (« *je pense donc je suis* » une personne, je suis une personne parce que je pense et non parce que j'ai un corps) Descartes abaisse ainsi le corps machine au rang des biens. Et le corps se trouve dissocié de la personne. C'est le « dualisme cartésien » V° P.J Delage « *Le transhumanisme : entre réception et dangers* » In « Transhumanisme : questions éthiques et enjeux juridiques » Op. Cit p 238 et suiv.

Transposée en termes juridiques, la qualité de « sujet de droits » formerait l'élément principal (ou primant) de la personnalité et c'est en ce sens que les lois bioéthiques parlent de la « primauté » de la personne à l'article 16 du code civil[46]. Le corps humain ne serait de son côté qu'un simple « objet de droit» matériel ne formant que l'élément secondaire de la personnalité.

Comme nous l'avons dit[47], la qualité de sujet de droits formant la personnalité juridique n'est attribuée à l'être humain qu'à la naissance (mais pas avant) et disparaît au moment de la mort. De telle sorte qu'avant la naissance et après la mort, le corps humain ne serait plus au fond qu'une enveloppe vide[48]. Nous comprenons dès lors que le régime juridique du corps humain dissocié de la personne ne peut être identique à celui du corps associé à la personne[49].

Comment régler ce problème sur le terrain juridique ? Il est en droit un principe général selon lequel « l'accessoire suit le principal »[50] : ainsi par exemple, un objet mobilier est soumis par principe au régime juridique des meubles. Mais si cet objet mobilier devient l'accessoire d'un immeuble par nature, il suivra alors le régime juridique de l'immeuble et c'est ainsi qu'on pourra le qualifier tantôt d'immeuble par nature (s'il est incorporé à l'immeuble), tantôt d'immeuble par destination (s'il n'est simplement qu'affecté à son service). L'accessoire emprunte donc à l'élément principal son statut juridique.

En application de ce mécanisme, on dit que le corps humain n'est qu'un objet mobilier tant qu'il n'est pas au service d'un

---

[46] Article 16 du code civil : « La loi assure la primauté de la personne, interdit toute atteinte à la dignité de celle-ci et garantit le respect de l'être humain dès le commencement de sa vie »

[47] V° supra pages 18 et s.

[48] Xavier Labbee « *La condition juridique du corps humain avant la naissance et après la mort* » PU Lille 1990, Reed Septentrion 2012 préface J J Taisne

[49] V°A. Zabalza « *Philosophie des droits de la personnalité* » In *Traité des droits de la personnalité* Lexis Nexis, 2013, p 11 et suiv.

[50] Gilles Goubeaux « *L'accessoire en droit privé* » LGDJ 1969, 542 pages V° également Marion Cottet « *Essai critique sur la théorie de l'accessoire en droit privé* » LGDJ 2013, 544 pp Xavier Labbee L'homme robotisé Jurisclasseur civil fasc 56 sous article 16 c. civ

sujet de droits et qu'il redevient un objet mobilier lorsqu'il ne l'est plus. Il n'est bien, avant la naissance et après la mort, que *« poussière qui retourne en poussière »* comme le rappelle le professeur Jean-Jacques Taisne[51], même si cet objet mobilier n'est pas un objet comme les autres car on le qualifie parfois de « sacré ». Cet adjectif assez ambigu[52] est souvent employé par la jurisprudence et la doctrine à propos de la dépouille mortelle[53]. De fait, il s'accorde assez bien avec les dispositions du code civil qui en font un objet spécifique, digne de respect, et qui ne peut faire l'objet de conventions patrimoniales[54]. Mais en revanche, lorsque cet objet matériel est mis au service d'un sujet de droits, de la naissance jusqu'à la mort, il en épousera le régime juridique en application de la règle précitée. Il devient alors personne par nature[55].

---

[51] Jean Jacques Taisne, préface de « *La condition juridique du corps humain avant la naissance et après la mort* » 1990, Presses universitaires de Lille, rééditée en 2012 aux Presses du Septentrion) Xavier Labbee L'homme robotisé Juris Cl civil fasc 56

[52] Le qualificatif *« sacré »* semble flou : il a une connotation religieuse, mais également républicaine et laïque (la Déclaration des droits de l'homme rappelle que le droit de propriété est « inviolable et sacré ». Et l'on parle de « l'amour sacré de la patrie ». La notion est à redécouvrir : Régis Debray évoque « *la jeunesse du sacré* » (2012 Gallimard, 208 pp.) ; Pour Pufendorf « *il n'y a point de qualité morale ou de sainteté qui y soit attaché. Tout ce qu'emporte cet épithète, c'est que les hommes ne sont tenus de se servir de cette chose que d'une certaine manière* » (Droit de la nature et des gens. Lyon 1771) V° également sur la définition Jean Pierre Baud « *La main volée* » Ed du Seuil, 1993.

[53] Hélène Popu *La dépouille mortelle est une chose sacrée* L'Harmattan 2009, 454 pp. Xavier Labbée «*La dépouille mortelle est une chose sacrée* » note sous TGI de Lille 6 Janvier 2011, JCP 31 Janvier 2011.

[54] Art 16-1 « Le respect du au corps humain ne cesse pas avec la mort » Article 16-4 c. Civ « Les conventions ayant pour effet de conférer une valeur patrimoniale au corps humain, à ses éléments ou produits, sont nulles »

[55] La règle « *accessorium sequitur principale* » est ancienne. Elle est héritée du droit romain. C'est une fiction juridique qui est souvent utilisée par le juriste : c'est ainsi, à titre d'exemple, qu'un objet mobilier mis au service d'un immeuble suivra le régime juridique de l'immeuble. Si l'objet mobilier est incorporé à l'immeuble (à l'image d'une canalisation), il deviendra immeuble par nature. S'il n'est simplement qu'affecté au service de l'immeuble (à l'image d'une statue placée dans une niche), il sera immeuble par destination.

Nous comprenons alors que le régime juridique du corps humain dépend alternativement du droit des personnes et du droit des biens. Et il faut bien savoir de quoi l'on parle, car le régime juridique des personnes n'est pas celui des choses.

La qualité de sujet révélant la personnalité juridique est, pour le droit civil, par définition incessible, insaisissable, imprescriptible et intransmissible à cause de mort. On ne peut pas vendre ou donner sa qualité de sujet, sa qualité de personne. Celle-ci s'éteint au jour de la mort. Les créanciers ne peuvent pas la saisir. Et en droit pénal, ce sont les qualifications relatives aux personnes (comme le viol, l'enlèvement, les violences volontaires ou non, les atteintes sexuelles, la séquestration, le meurtre) qui protègeront en son corps l'individu sujet de droits. Il existe donc un droit civil et pénal des personnes.

En revanche, les choses (simples objets de droit, éléments du patrimoine) sont – pour le droit civil et sauf dérogation – cessibles à titre onéreux ou à titre gratuit, prescriptibles, saisissables et transmissibles à cause de mort. Et ce sont les qualifications pénales du droit des biens (à l'image du vol, du recel ou de l'atteinte à la propriété) qui les protègent. Il existe donc un droit civil et pénal des biens.

La protection du corps humain paraît donc dépendre alternativement des deux catégories : on ne peut pas vendre ou saisir une personne en son corps et en faire un esclave. Mais on a vu (il y a longtemps) des momies incas mises en vente publique et adjugées comme pièces archéologiques… et l'on se dit que ces pièces, une fois entrées dans le patrimoine du collectionneur, peuvent être saisies et - pourquoi pas ? - volées comme le sont des choses, et qu'elles seront - pourquoi pas ? - transmises à ses héritiers au jour de son décès. Enfin, détruire une momie inca n'est pas un acte homicide.

Le sujet dépend du verbe être, l'objet du verbe avoir… et le corps humain des deux mots en alternance. Le droit des personnes et le droit des biens (pourtant si opposés) se complètent harmonieusement pour assurer une protection juridique intégrale du corps humain.

La règle « *accessorium sequitur principale* » nous permet donc de comprendre que le corps humain a vocation à changer de régime selon la situation : il peut suivre le statut du sujet et donc de la personne juridique lorsqu'il abrite le sujet. Mais il peut également épouser le statut des objets[56] lorsqu'il ne l'abrite pas ou ne l'abrite plus. C'est une chose qui devient personne au jour de la naissance (jour d'attribution de la qualité de sujet) avant de redevenir chose au jour de la mort[57]. Les éléments humains séparés du corps à l'image des tissus ou des produits, que la volonté individuelle est apte à mobiliser par anticipation, font également partie des biens[58]. On parle de « choses humaines »[59] qui allient « humanité et réité» (sic). On peut, en droit des obligations, avoir recours à l'anticipation au moment de la formation de l'acte juridique : je peux ainsi, par exemple, réaliser une vente mobilière de matériaux, pour un objet qui, au moment où je m'engage, est un immeuble à démolir. On parle de « vente de meubles par anticipation ». C'est parce qu'il peut anticiper le moment où son corps deviendra cadavre que l'individu peut le léguer à la science. C'est parce qu'il est apte à anticiper le moment ou son sang deviendra un simple liquide que l'individu peut le donner.

Il nous semble que c'est ainsi que l'on peut définir la condition du corps humain sur le terrain du droit.

Concomitamment à cette analyse doctrinale, une théorie a été forgée dans les années 1980 devant le tribunal de Lille à propos du statut des prothèses, simples choses mobilières fabriquées par l'homme, qui peuvent aussi se mettre au service du

[56] JR Binet et Bernard Beignier Droit des personnes et de la famille LGDJ 4eme Ed. p 245 « Le corps sujet... le corps objet »

[57] Xavier Labbee *La condition juridique du corps humain avant la naissance et après la mort*. Préface de Jean Jacques Taisne PU Lille 1990, rééditée en 2012 aux Presses universitaires du Septentrion. V° dans le même sens Amandine Cayol « *Avant la naissance et après la mort : l'être humain, une chose digne de respect* » CRDF N°9 2011 page 117 et suiv.

[58] Xavier Labbee « *Greffons et prothèses* » in Berengère Legros (dir) « *La greffe jusqu'où* » Revue générale de droit médical n° 55 V° également J.P Baud « *La main volée* » éditions du Seuil. Xavier Labbee Juris-classeur civil « l'homme robotisé » fasc.56 sous art 16 c. civ

[59] Elodie Bayer « *Les choses humaines* » Thèse Toulouse, 2003 (dir. Revet) LGDJ 455 pp.

sujet.[60] Est apparue en jurisprudence à propos d'une question pratique un peu incongrue (peut-on saisir un dentier ?) la théorie de l'objet « *personne par destination* » ou « *personne par incorporation* » qui a le mérite d'aligner le statut de la prothèse sur celui du corps humain, en soulignant que de simples choses peuvent suivre le régime juridique de la personne lorsqu'elles sont mises à son service[61]. Le débat sera ravivé un peu plus tard avec le statut du chien de l'aveugle, qualifié par la juridiction lilloise de « *prothèse visuelle* »[62] aux fins de permettre l'indemnisation de la victime[63]. On retient donc que des choses peuvent aussi être élevées au rang de la personne.

De multiples questions se posent sur la façon d'articuler le droit des personnes et le droit des biens[64] et sur la façon de comprendre la nature du rapport que l'homme entretient avec son corps. Nous en livrons quelques-unes en vrac, que nous avions posées pour le Juris-classeur : l'individu qui cause un dommage à autrui avec sa prothèse est-il responsable personnellement (art

---

[60] Memeteau « *Prothèse et responsabilité du médecin* » D. 1976 Chron. Page 9. Marielle Picq « *La prothèse et le droit* » Petites affiches 1996, 7.Octobre page 8). Christophe Lazaro « la prothèse et le droit » 2016 IRJS Editions *Les voies du droit*, 480 Pages.

[61] V° Labbee Xavier Op. Cit. Sur la saisie d'un dentier : TGI de Lille 21 Avril 1981. Gaz Pal 1983 n° 205 à 207 note Xavier Labbee et sous CA de Douai 20 Mars 1985 JCP 1985, 20 365) ; À propos de la greffe du visage : Xavier Labbee « *La gueule de l'autre* » - Tribune Dalloz 23 Mars 2006, page 801 Rapp. Avis du CCNE n°82 6 Février 2004.

[62] V" *Le chien prothèse",* note ss. TGI Lille, 23 mars 1999 : D. 1999, p. 350 et D. 2000, p. 750 et V° de façon générale J .P Baud « *La main volée* » 1993, le Seuil ; Jean Hauser « *L'augment* » In « *L'homme augmenté* » PU Septentrion, 2015

[63] L'article 5 de la loi du 5 Juillet 1985 dispose que « *la faute commise par la victime a pour effet de limiter ou d'exclure l'indemnisation des dommages aux biens qu'elle a subis. Toutefois, les fournitures et appareils délivrés sur prescription médicale donnent lieu à indemnisation selon les règles applicables à la réparation des atteintes à la personne* » Si le chien n'est qu'une chose, son propriétaire accidenté n'est pas indemnisé. S'il est une prothèse visuelle, il le sera.

[64] Xavier Labbee Juris-Classeur Civil article 16 Fascicule 56 « *L'homme robotisé* ». Pascal Labbee « *L'articulation du droit des personnes et des choses* » in La vie humaine mise sur le marché colloque 8 Mars 2002 Numéro spécial les petites affiches 5.12. 2002 ; V° également JR Binet et Bernard Beignier Droit des personnes et de la famille LGDJ 4eme Ed. Page 248

1240 C. civ anc. 1382) ou en tant que gardien d'un objet (art 1242 anc. 1384)[65] Ne va-t-il pas falloir distinguer la prothèse amovible de celle qui est intégrée au corps ? L'humain peut-il faire corps avec ses prothèses[66] ? Le « fait personnel » est-il d'ailleurs nécessairement « corporel »[67]? Comment faire la part

---

[65] Xavier Labbee J.Cl « *L'homme robotisé* » fasc. 56 sous article 16 C. Civ « Va-t-il falloir redéfinir les contours de la responsabilité civile pour le dommage causé de son fait personnel, et de la responsabilité du fait des choses dont on a la garde ? La doctrine classique (qui refuse de dissocier le corps de la personne) répugne à faire référence à l'article 1384-1 du code civil pour régler le contentieux des dommages causés par le corps humain. Si je cause un dommage à autrui avec ma main ou mon pied, je serai classiquement poursuivi sur le terrain des articles 1382 et 1383 du code civil, c'est à dire sur le terrain de la responsabilité personnelle. Mais pas sur le terrain de l'article 1384-1 qui décrit la responsabilité pour le fait causé par les choses dont on a la garde. Je ne suis pas gardien de mon corps « *puisque mon corps c'est moi* » aurait dit Jean Carbonnier. « *Le respect dû à la personne humaine justifie* (rait) *que le corps humain ne soit pas confondu avec une chose susceptible d'être soumise à l'article 1384 al 1 du code civil* » (Jean Carbonnier Droit civil, *les obligations*, t 4 PUF 22eme Ed. 2000 N° 256 page 262 V° Cass. Civ 22 Juin 1942 DC 1944 jurisp. *p* 16 Note Lalou à propos de la chute d'un client d'un manège forain sur un spectateur). Le dommage résultant du corps humain constituerait donc le domaine réservé à l'article 1382 Bull. Civ II n°125. Le principe est-il pourtant facile à manipuler ? »

[66] François Villa « L'humain peut-il faire corps avec ses prothèses ? in l'humain et ses prothèses (Lindermeyer dir.) CNRS Editions p 37 et suiv.

[67] Xavier Labbee (J. Cl fac. 56 prec.) « On observe d'abord que « le fait personnel » n'est pas synonyme de « fait corporel ». Celui qui insulte son voisin sera poursuivi sur le fondement de l'article 1382 bien qu'il n'ait pas touché physiquement son voisin. Le fait fautif n'implique pas nécessairement la participation du corps de celui qui a commis la faute. Ensuite, à partir de quand quitte-t-on l'article 1382 pour entrer dans l'article 1384 ? Si je cause un dommage avec un crayon que je tiens en main, je suis en principe responsable en qualité de gardien du crayon. Il semble difficile de soutenir que le crayon constituerait le prolongement de ma main et donc de ma personnalité… Mais qu'en est-il alors si je cause un dommage avec mon doigt artificiel ? »
« De fait, l'application du principe allégué (qui refuse de dissocier le corps de la personne) n'est guère nette et la jurisprudence, à plusieurs reprises, a été amenée à « *réifier* » le corps de la personne, celui-ci pouvant curieusement devenir en quelque sorte l'accessoire d'une chose devenue dangereuse : ce qui démontre que l'assimilation du corps à la personne est loin d'être absolue et que la dissociation est parfaitement envisageable. Comme l'observe le commentateur de l'article 1384 al du code civil au juris-classeur, « *la jurisprudence applique parfois l'article 1384 alinéa 1au corps humain, aux*

entre la responsabilité du fait personnel et celle des choses dont on a la garde, lorsque l'on évoque l'accident causé par une prothèse ? Et que dire du dommage causé par l'instrument de prothèse « intelligent » qui se détraque, comme l'avait si bien montré Percy Stow en 1912, dans son film muet « the electric leg »[68] ? L'individu qui cause un dommage malgré lui parce que sa prothèse intelligente est déréglée ou comporte un vice de fabrication, sera-t-il assimilé à celui qui cause un dommage sous l'empire d'un trouble mental[69] ? Estimera-t-on que l'homme pourrait avoir en quelque sorte deux cerveaux[70] ? Va-t-il falloir modifier le droit de la responsabilité et finalement confondre la responsabilité du fait personnel et du fait des choses dont on a la garde[71] ? Faut-il enfin envisager un recours

---

motifs qu'il paraît être le prolongement de la chose ou qu'il forme un ensemble avec elle (Cass Civ 21 décembre 1962 RTD Civ 1963 page 732 obs. Tunc pour un accident causé par le choc des coudes de deux scootéristes. CA de Grenoble 9 mars 1962 JCP G 1962 II 12697 note Rabinovicth, « le skieur forme un tout avec ses skis, bâtons et chaussures, dans la mesure où le dynamisme de son corps, des chaussures et des bâtons, n'existe que par la vitesse donnée par les skis ». Cass Crim 21 juin 1990 Juris-data n°1990-702378 RTD Civ. 1991page 124 obs. Jourdain Bul Crim 1990 n°257 p 662 application du texte à une collision survenue entre deux cyclistes, car l'auteur de l'accident formait un ensemble avec la bicyclette sur laquelle il se tenait » V° aussi CA Chambéry 29 Mars 2000 resp. Civ et assur. 2001 comm 10. Note Grymbaum. Ces décisions ne nous conduisent-elles pas à conclure que l'individu peut devenir « gardien » de son corps comme il le serait d'une chose ? (Xavier Labbee « l'homme robotisé » précité.

[68] Percy Stow *« the Electric leg »* 1912 www.imdb.com

[69] « Fera-t-on appel à l'article 414-3 qui dispose que *« celui qui a causé un dommage à autrui alors qu'il était sous l'empire d'un trouble mental n'en est pas moins obligé à réparation »* ? Des lors, parlera-t-on toujours de responsabilité personnelle ? La robotisation de l'individu ne va-t-elle pas nous amener inévitablement à revisiter les notions de fait personnel et de « garde » ? » (Xavier Labbée J cl civil F 56 *« L'homme robotisé »*)

[70] « L'homme pourrait-il avoir deux cerveaux ? L'individu ne doit-il pas au contraire garder le contrôle des appareils qui sont a son service, même si ceux-ci sont capables de mener une vie autonome (un peu comme le commandant de l'avion qui doit toujours avoir le dernier mot sur le pilote automatique dont il se sert pourtant la plupart du temps) ?» (Xavier Labbee j.cl f 56 « L'homme robotisé »).

[71] Mélanie Messager *La responsabilité et l'intelligence artificielle* mémoire Master Lille juin 2021 spécialement pp 23 et suiv.

contre le fabriquant de la prothèse, en retravaillant la notion de gardien et la distinction entre la garde de la structure et du comportement, ou en s'inspirant de la législation relative aux produits défectueux ? Faut-il imaginer des régimes spéciaux de responsabilité pour régler la question des dommages causés par l'intelligence artificielle[72] ? Et puis celui qui reproduit l'image du visage d'une personne qui a reçu en greffe le visage d'autrui doit-il ou non demander le consentement du donneur[73] ? Celui qui arrache la prothèse d'autrui est-il pénalement coupable[74] de violences volontaires[75] ou de vol[76] ? Peut-on invoquer l'article 16-2 du code civil en cas d'atteinte illicite « à une prothèse » alors que la lettre de l'article ne vise stricto sensu que « le corps humain ses éléments et ses produits » ? Celui qui perd une prothèse dans un accident subit-il bien une incapacité comparable à celui qui perd un membre[77] ? Peut-on parler d'incapacité permanente alors qu'il suffit de remplacer la prothèse cassée ?

e) L'alternance n'est pas la confusion

Le statut du corps humain tel que le droit le décrit de façon classique nous montre que les deux matières (droit des personnes et droit des biens) peuvent intervenir de façon alternative et complémentaire pour assurer une protection intégrale du

---

[72] Une résolution du Parlement européen du 20 Octobre 2020 propose un régime de responsabilité civile pour l'intelligence artificielle (2020/2014 INL) V° Messager op.cit, pages 58 et suiv.

[73] Xavier Labbée « *Avoir une bonne tête* » Gaz. Pal 1.08. 2013

[74] V° de façon générale : Audrey Darsonville *L'homme augmenté et la responsabilité pénale* in *L'homme augmenté* Colloque Lille 2 Presses du Septentrion 2015

[75] CA de Reims 16 Janvier 2002 N°2000/00064 délit de coups et blessures volontaires pour fracture de trois prothèses incisives V° également pour un cas de légitime défense fondée sur la crainte que l'agresseur n'endommage une prothèse capillaire C. crim 7 Février 1989 N° 82207)

[76] Pour le vol de quatre implants chez un chirurgien-dentiste : C. Cass 9 Décembre 1992 N° 91 11729

[77] Geoffroy Hilger *L'homme augmenté et la responsabilité civile* in « l'Homme augmenté » Septentrion 2015 V° également Laurent Leveneur « *Les améliorations techniques du corps : le droit des biens face à l'homme* » Op. Cit p 209 et suiv.

corps humain en évitant de le faire tomber dans le néant, comme le voulait Marcel Planiol qui affirmait que « *les morts ne sont plus rien*[78] ». Comment peut-on tomber dans le néant juridique ? Mais cette complémentarité ne traduit pas une confusion. Le caractère hybride de la définition juridique du corps humain ne porte nullement atteinte à la distinction des personnes et des choses. Elle en confirme au contraire l'existence et l'utilité.

Non seulement le droit positif ne mélange pas les personnes et les choses, mais il interdit la confusion parce que celle-ci aboutit nécessairement à un résultat indigne. La décision du Conseil d'état *Commune de Morsang sur Orge*[79] a interdit l'attraction du « *lancer de nain* » tout simplement parce qu'elle a pour effet d'abaisser la personne au rang d'objet. On ne peut pas admettre qu'un individu (fut-il pleinement consentant) puisse s'abaisser au rang de projectile : c'est indigne car une personne vivante n'est pas une chose. On ne peut pas confondre les notions sans commettre une indignité.

Le droit ne mélange pas les personnes et les choses, pas plus que les autres sciences humaines, la médecine ou même la religion : on porte une voiture en panne chez le garagiste, un animal malade chez le vétérinaire, une personne malade chez le médecin. Et on ne confond pas les genres : un médecin n'est pas plus vétérinaire que mécanicien. Un cours de droit médical n'est pas un cours de mécanique générale. Quant à l'Eglise, elle n'accorde le sacrement du baptême qu'aux hommes et femmes[80], ce qui ne fait pas obstacle à ce qu'un animal soit éventuellement béni[81] ; mais une bénédiction n'est pas un baptême.

---

[78] Planiol et Ripert Droit civil élémentaire tome 1 n°50 page 231 « *Les morts ne sont plus rien* ». L'expression fut cependant supprimée dans les éditions ultérieures.

[79] CE Commune de Morsang sur Orge 27 Octobre 1995 N°136727

[80] Can. 864 : « *Tout être humain non encore baptisé, et lui seul, est capable de recevoir le baptême* »

[81] Eric Baratay *Les controverses contemporaines sur le statut de l'animal : l'exemple de l'Eglise* Revue d'histoire moderne et contemporaine 1994, p 499-514, Certains prêtres organisent des bénédictions d'animaux, à l'occasion de la Saint Roch ou de la Saint François.

Pour que la distinction soit bien claire sur le terrain du droit civil ou pénal, on la traduira par quelques évidences : on épouse une femme mais on achète une vache[82]. On est parent d'un enfant mais on n'est pas propriétaire de celui-ci. On peut être coupable d'enlèvement d'une personne mais on peut être condamné pour vol si l'on emporte une voiture ou un cheval. On adopte un enfant mais on achète un chien ou un chat. On se porte caution pour une personne mais on donne une voiture en gage ou un immeuble en hypothèque. On déclare à l'état civil la naissance d'un enfant, mais on immatricule au registre du commerce un fonds de commerce ou en préfecture une voiture. Et pour être plus précis encore, en enlève une personne, mais on vole un squelette ou un embryon congelé.

Le mélange des genres est donc impossible car il conduit, actuellement en tout cas, à des absurdités : c'est tellement vrai que ce procédé est souvent utilisé en littérature pour surprendre le lecteur[83] lorsqu'on personnifie un objet ou un animal : *« Mon chien, c'est quelqu'un !*[84]» raconte Raymond Devos pour interpeller son public en l'amusant. La chosification de l'individu est en revanche une technique qui peut choquer ou provoquer le rire à la façon de l'almanach Vermot, tant elle est incongrue : « *Ma belle-mère est un chameau. Je vais la porter chez le vétérinaire pour la faire piquer*[85]».

Il nous semble cependant que cette belle distinction, aussi vieille que la civilisation humaine, est aujourd'hui menacée. Cette menace a été pressentie par le professeur Malaurie qui n'a

---

[82] Le mariage est défini au titre V du livre 1 du code civil consacré aux personnes. Les animaux sont définis à l'article 515-14 dans le livre 2 du code civil dédié aux biens et leur vente est encadrée par le code rural aux articles L 213 et suivants.

[83] On pense à Georges Brassens et à sa «*fille à cent sous* » : « Au temps où je vivais / dans l'trente sixième dessous / immonde, horrible, infâme / un plus saoulot que moi / contre une pièce de cent sous / m'avait vendu sa femme ».

[84] Raymond Devos *« Mon chien c'est quelqu'un »* (1973 nostalgie 60,70,80 Facebook. com) Dans les années 1960, deux feuilletons américains passionnaient la jeunesse : « Monsieur Head » qui nous met en présence d'un cheval qui parle à son propriétaire et « Ma mère à moteur » qui nous racontait l'histoire d'un homme dont la mère décédée s'est réincarnée en une voiture Ford T.

[85] Blagues en stock.fr blagues sur les belles-mères.

pas hésité à écrire dans les toutes premières pages de son traité de droit des personnes, que « *C'est sur la différence entre la personne et la chose que se jouera le XXI siècle»* : les mots sont forts[86]. Ils sont justes.

Les progrès de la technologie robotique conjugués à l'avènement de la technologie numérique ne risquent-ils pas de transformer l'humain jusqu'à porter un coup fatal à la distinction fondamentale ? Si la personne devait devenir chose et si la chose devait devenir personne... le juriste ne pourrait alors que s'interroger sur le devenir de la règle de droit et de la justice chargée de l'appliquer : ce qui est logique puisque nous avons érigé en principe que la distinction des personnes et des choses constitue le fondement du droit depuis le jour où l'humanité est entrée dans la civilisation[87]. Si la fondation disparaît, la construction s'écroule. C'est une évidence.

La confusion des personnes et des choses ne risque-t-elle pas inévitablement de rendre obsolètes le droit et la justice tels que nous les connaissons aujourd'hui ? Comment régler les rapports entre les êtres nouveaux ? Pourquoi faudrait-il le faire avec des instruments inadaptés ou périmés ?

La période transitoire qui devrait nous conduire au post-humanisme ne révèle-t-elle pas déjà la disparition progressive de l'être humain au profit d'un être nouveau totalement différent ? Et n'assiste-t-on pas à la lente désagrégation des sciences humaines et sociales parmi lesquelles le droit joue un rôle prégnant ? N'y a-t-il pas des indices annonciateurs ? Que reflète le droit positif ?

La confusion du droit des personnes et des choses, que nous nommons substantielle, n'est-elle pas en marche ? N'annonce-t-elle pas l'arrivée d'un être nouveau ? (1ere Partie)

---

[86] « *Réifier la personne, c'est au sens propre des mots, rendre inhumaine la personne. Si l'homme se prend pour une chose, s'il accepte qu'on le prenne pour une chose, s'il cesse de croire qu'il est un homme qui doit être respecté, il n'y aura plus d'espérance et la fin de l'espérance, c'est la fin de la civilisation. C'est sur cette différence entre la personne et la chose que se jouera le XXIème siècle* » (Philippe Malaurie, Les personnes, 5eme Edition, 2000, Ed Cujas p.23 N°3).

[87] V° nos développements pages 18 et suivantes

N'est-il pas troublant sur le terrain processuel, de constater que cette confusion coïncide précisément avec la disparition programmée de la justice devenue déjà obsolète ? (2 eme partie)

Ces deux constats ne sont-ils pas annonciateurs de la mort de l'humanité et de l'avènement du post-humanisme ?

PREMIÈRE PARTIE

LA CONFUSION SUBSTANTIELLE
ou l'apparition d'un être nouveau

La période que nous traversons est sans aucun doute riche car elle nous fait assister simultanément à deux révolutions sur lesquelles beaucoup d'auteurs ont écrit[88]. Nous avons d'abord celle du numérique qui nous semble en voie d'achèvement et qui, en plaçant de manière irrémédiable un ordinateur entre tous les humains, a amorcé le phénomène de confusion (Ch. 1er). Nous avons ensuite celle de la robotique intelligente qui nous paraît en cours et tend à terminer le mélange des genres (Ch. 2).

Ces deux révolutions vont- elles conduire l'homme à simplement s'adapter ou plus profondément à se transformer totalement ? Annoncent-elles l'évolution de l'Humanité ou plus cruellement sa disparition ? L'analyse du droit positif permettra-t-elle au juriste d'émettre un pronostic ?

---

[88] V° Par exemple Éric Scherer « *La révolution numérique – glossaire* » Dalloz Ed 7 Octobre 2009 ; Clive Gifford « *Histoire de la Révolution numérique* » Gallimard Jeunesse, 2012, 144 p. Nathalie Nevejans « *Traité de droit et d'éthique de la robotique civile* » 2017, LEH Editions, 1232 p; Jean Claude Heudin « *Les trois lois de la robotique ; faut-il avoir peur des robots ?* » science ebook, Mars 2015, 130 p. ; Alain Bensoussan et Jérémie Bensoussan « *IA, robots et droit* » juillet 2019 Bruylant (Larcier) 632 p.

CHAPITRE 1

L'avènement de l'ère numérique et de l'homo numericus

Que veut dire d'abord le mot « numérique » ?

Ce qualificatif dérive du mot numerus qui veut dire « nombre ». Une information est numérique lorsqu'elle se présente « *sous forme de nombres associés à une indication de la grandeur physique à laquelle ils s'appliquent, permettant les calculs, les statistiques, la vérification des modèles mathématiques* »[89]. Le mot « numérique » s'oppose ainsi au terme « analogique » car une information analogique est véhiculée sous formes d'ondes électriques continues : ainsi fonctionnent les appareils de radio ou de télévision anciens. Nous comprenons par cet exemple la différence suggérée par les mots.

Concrètement, le numérique englobe l'informatique mais on peut dire que son périmètre est plus large puisqu'il recouvre aussi toutes les télécommunications (téléphone, radio, télévision, ordinateur) et Internet. Au quotidien, on ne peut plus imaginer nos activités sans smartphone ou sans les réseaux sociaux par exemple. Ces nouveaux usages génèrent des masses énormes d'informations et c'est l'objet du numérique que de les traiter. Pour dire les choses simplement, numériser revient donc à convertir en nombres, c'est-à-dire en données numériques, des informations inscrites sur un support textuel, vidéo ou audio[90].

---

[89] Dictionnaire Wikipedia au mot « numérique ».

[90] CNRTL Lexicographie « Numérique » cnrtl.fr

La révolution numérique a bien eu lieu en France[91] au point qu'une loi a même été votée qui a instauré la « République numérique »[92]. Ce n'est pas rien et les mots employés sont forts. La République elle-même serait donc d'ores et déjà transformée : pourquoi vouloir aller plus loin ? Très curieusement, ce texte législatif (dont on a finalement peu parlé : révèlerait-il en fait une révolution discrète et insidieuse ?) a été voté après consultation d'un nombre assez restreint de citoyens... tous connectés ! On n'a pas demandé l'avis aux autres qui ont d'emblée été exclus du débat[93]. On n'a pas non plus organisé de référendum bien qu'il s'agisse d'édifier une nouvelle république.

Curieuse transparence qui place les citoyens non-connectés *ab initio* hors de la course... Curieuse méthode législative ! Comme si le passage à l'ère du numérique ressortait d'une évidence... ou d'une inquiétante nécessité : *« La République du 21eme siècle sera nécessairement numérique »* a martelé le Pré-

---

[91] La France a été élevée en 2014 au rang de « *première nation européenne en matière d'administration numérique* » par l'Organisation des nations unies (V° Pour une république numérique wwwgouvernement.fr)

[92] Loi n° 2016-1321 du 7 Octobre 2016 pour une République numérique. Exposé des motifs wwwlegifrance.gouv.fr : « *Par cette loi, l'objectif du gouvernement est double* : « *Donner une longueur d'avance à la France dans le domaine du numérique en favorisant une politique d'ouverture des données et des connaissances* » et « *adopter une approche progressiste du numérique, qui s'appuie sur les individus, pour renforcer leur pouvoir d'agir et leurs droits dans le monde du numérique* »... « *Pour ce faire, la loi s'organise autour de trois axes, la circulation des données et du savoir, la protection des individus dans la société du numérique et l'accès au numérique pour tous* ».

[93] « *La consultation sur le projet de loi pour une République numérique est l'aboutissement d'un processus innovant entamé l'an dernier, avec la consultation sur le rapport « Ambition Numérique ». Durant quatre mois, les Français ont été invités à débattre sur les grands enjeux du numérique sur une plateforme 100 pour cent en ligne. Plus de 4000 contributions ont été collectées* » ... « *18 Octobre 2015 : en trois semaines, plus de 20 000 participants de tous horizons ont choisi de contribuer à la Co écriture de ce projet de loi, produisant plus de 140.000 votes et plus de 8000 arguments, amendements ou propositions de nouveaux articles sur le site république-numérique.fr. Les 30 Articles du texte initial ont été reçus très favorablement dans leur ensemble avec près de 75 pour cent de votes positifs en moyens* » (Pour une République numérique gouvernement.fr)

sident de l'époque. On n'a pas le choix ! C'est cela ou rien. La dictature du numérique est imposée. Nul n'a songé à dénoncer le caractère funeste de l'opération, en rappelant, par exemple, les dangers d'Internet qui ne ferait qu'opprimer les hommes en les divisant et en relayant la haine[94]. Internet n'a-t-il pas été l'instrument de propagande de l'Etat islamique ? Certains l'ont souligné. Et pourtant, le texte a été voté à l'unanimité (356 voix pour, une contre à l'Assemblée Nationale, 322 voix pour, une contre au Sénat). Internet a été élu à l'unanimité, comme les grands dictateurs modernes, pour régner sur l'univers. Il est vrai que la loi votée garantit « *la neutralité du net* » et assure « *la loyauté de l'information à destination des consommateurs* »[95]. Ouf ! Nous voilà rassurés. On en a fait plus tard le bilan[96].

---

[94] V° Par exemple Guillaume Plaisance « *Internet, dynamite ou ciment du lien social ?* » mai 2012, laphilosophie.com ; « *Haine sur internet : une loi pour mettre fin à l'impunité* » Le point.fr 25 Juin 2019 propos recueillis par Nicolas Bastuck. ; Axel Leclercq 12 Octobre 2017 « *La haine des réseaux sociaux dans la vie. Percutant* » positiv.fr. Il est acquis ainsi qu'Internet a été le réseau de propagande de l'état islamique. La proposition de loi déposée par la députée Laetitia Avia contre les propos haineux circulant sur Internet a été adoptée le 13 Mai 2020 mais elle a été critiquée comme présentant un danger pour la liberté d'expression, parce que les décisions de retrait de contenus peuvent être prises par un opérateur privé sans intervention du juge judiciaire garant traditionnel des libertés fondamentales. Elle sera censurée par le conseil constitutionnel : V° Editorial du journal Le Monde du 19 Juin 2020 : « *Stopper la haine sur Internet* » ; V° également Myriam Quemener « *La haine sur Internet. Commentaire de la décision de censure du conseil constitutionnel* » Gaz Pal N° 25 du 7 Juillet 2020.

[95] La loi « *pour la république numérique* » inscrit dans la législation française le principe de neutralité du net, garantissant la non-discrimination d'accès au réseau en fonction des services par les fournisseurs d'accès. Concrètement, les opérateurs ne pourront pas, par exemple, offrir un internet plus lent à certains clients, et un débit plus rapide à d'autres, pour accéder à un même service à partir d'une même offre. L'autorité de régulation des communications électroniques et des postes (ARCEP) sera chargée de veiller au respect de ce principe et se voit doter des moyens juridiques nécessaires à son action (pouvoir de sanction notamment). La loi numérique prévoit aussi « une régulation des avis en ligne, qui constituent aujourd'hui une des principales sources d'information des utilisateurs. L'objectif ? Permettre au consommateur de vérifier le degré de crédibilité des avis disponibles sur internet. Par exemple, il s'agira de veiller à ce qu'un restaurateur ne publie pas une pluie d'avis favorables sur son établissement, afin de le faire grimper

Les défenseurs de la Nature ne semblent pas avoir eu de réaction critique, bien au contraire[97]. Il est vrai que les écologistes semblent s'intéresser beaucoup plus au décor dans lequel l'homme évolue qu'à l'homme lui-même[98]. C'est pourtant lui qui est menacé en priorité... Mais qui s'intéresse vraiment à la révision des lois bioéthiques actuellement en cours ainsi qu'au projet visant à instaurer la P.M.A « *pour toutes* » ? On ne s'est pas non plus demandé si l'instauration du numérique n'allait pas irrémédiablement modifier l'individu en son corps ou dans ses rapports avec les autres... et partant la définition même de l'humain et du sujet de droits. Il est vrai que si le numérique n'était qu'un *« instrument de la transformation de l'état, visant à simplifier les démarches des particuliers et des entreprises grâce à internet et à rendre les services publics plus efficaces et plus réactifs »*[99] on ne pourrait que s'en réjouir. Mais en réalité n'y a-t-il pas beaucoup plus ?

Qu'apporte ce nouveau texte ? N'a-t-il fait qu'instaurer une mode passagère qui n'aurait vocation qu'à ne durer qu'un temps ? Son contenu annonce-t-il au contraire l'arrivée inexorable d'une ère nouvelle, nécessitant provisoirement une courte période transitoire au cours de laquelle la République aurait

---

mécaniquement dans les classements des sites de conseils touristiques fondés sur des recommandations (Neutralité du net : quels sont les enjeux ? 11 juillet 2018 wwwvie-publique.fr).

[96] Miren Lartigue « *Quatre ans après, Axel Lemaire dresse un bilan de la loi pour une République numérique* » Gazette du Palais N° 35, 13 Octobre 2020 ; Julien Lausson « *Axel Lemaire : quel bilan sur le numérique ?* » 28 Février 2017 numerama.fr

[97] C'est ainsi que « *Le numérique est au service de l'écologie* » (wwwecologikmagazine.fr). Un livre blanc « *numérique et environnement* » a été publié, visant à « *faire de la transition numérique un accélérateur de la transition écologique* ». Le Haut conseil de l'environnement a été saisi en février 2020 de la question de « *l'opportunité de faire converger la transition numérique et environnementale* »

[98] Greta Thunberg elle-même utilise les réseaux sociaux pour défendre sa cause ; elle inciterait ainsi ses partisans à effectuer des « *grèves numériques* » c'est-à-dire des rassemblements sur la toile : personne ne remet en cause le numérique.

[99] « *Le numérique : instrument de la transformation de l'état* » wwwgouvernement.fr

provisoirement deux visages et réunirait deux catégories de citoyens différents (ceux qui sont connectés et ceux qui ne le sont pas) ? La nouvelle république numérique aurait-elle, à moyen terme, vocation à remplacer définitivement et irréversiblement l'ancienne ? Et si oui, en quoi ce remplacement atteint-il ou bouleverse-t-il la distinction juridique des personnes et des choses ? En quoi les rapports que les hommes peuvent avoir entre eux et qu'ils peuvent avoir sur les biens vont-ils se trouver modifiés ? En quoi la définition du sujet de droits va-t-elle se trouver modifiée ?

Et puis d'abord, l'individu a-t-il encore le choix de ne pas être connecté ? Peut-il refuser Internet au nom par exemple de sa tranquillité ?[100] Peut-on aujourd'hui avoir connaissance du droit (Section 1) et exercer ses droits subjectifs (Section 2) sans avoir recours à la machine et à la toile ? Et quel est le sort de l'individu non connecté (Section 3) ?

SECTION 1. ÊTRE CONNECTÉ POUR AVOIR CONNAISSANCE DU DROIT

Tout citoyen doit être aujourd'hui connecté pour avoir connaissance de la norme juridique qui l'oblige. Force est de constater qu'il n'y a plus moyen de faire autrement.

On sait que la loi et les décrets doivent être publiés au journal officiel de la république pour pouvoir être officiellement portés à la connaissance des citoyens. L'ordonnance du 20 Février 2004 avait prévu, dans cette optique, deux formes de publication : tout en gardant la publication *« papier »* elle a instauré la publication « *sous forme électronique de manière permanente et gratuite* ». Mais il faut croire que ce texte n'avait vocation qu'à être transitoire. Depuis le 1er janvier 2016, la version papier du journal officiel a été purement et simplement supprimée. Et celui-ci n'est plus disponible que sur internet « *en*

---

[100] Xavier Labbée « *Le sujet de droits sujet connecté* » La gazette du Palais N° 37, 31 Octobre 2017 page 14 ; v° Pauline Türk «*Transhumanisme et citoyenneté : le citoyen augmenté*» In «*Transhumanisme : questions éthiques et enjeux juridiques* » Op. Cit pages 321 et suiv.

version dématérialisée, accessible gratuitement en ligne ». Personne ne regrette semble-t-il, l'ancienne version du journal officiel, encombrante et coûteuse.

Les arrêtés préfectoraux et municipaux, qui devaient habituellement être portés à la connaissance des administrés par des procédés « suffisants » (à l'image de l'affichage ou autrefois du roulement de tambour) suivent désormais le même sort : depuis un décret n° 2016-146 du 11 Février 2016, la publicité des actes pris par les autorités communales est assurée « *par voie électronique* » sur le site internet de la commune. Ces actes sont publiés « *dans leur intégralité, sous un format non modifiable*»[101] Il en va de même des actes pris par le département[102] ou la région[103]; aujourd'hui, même les plus petites collectivités territoriales paraissent connectées à internet[104]. On peut donc parler de publicité des actes réglementaires effectuée obligatoirement sous forme numérique.

Le réseau internet devient donc aujourd'hui le seul moyen pour l'individu d'avoir naturellement connaissance de manière certaine de la règle de droit. Et tout le monde pense que c'est un progrès. Il est vrai que, par ce procédé, la loi arrive partout sur le territoire concerné au même moment : il n'est donc plus utile d'instaurer comme autrefois, des délais pour permettre la prise de connaissance de la règle. Et puis le procédé est sûr : tout le contentieux administratif relatif aux moyens de publicité « *suffisants* »[105] ou « *appropriés* »[106] entourant les arrêtés municipaux se trouve pour le coup éludé. Tout le monde semble donc gagnant.

Pourtant, il demeure que l'individu n'a plus le choix : il est donc obligé d'avoir un ordinateur et doit être connecté au réseau internet s'il veut connaître la loi. La règle « *Nul n'est censé*

---

[101] Art R 2131-1-A du CGCT

[102] Art R 3131-1 du CGCT

[103] Art R 4141 du CGCT

[104] Le site Cohesion-territoires.gouv.fr rappelle que l'objectif du gouvernement est « de faire de la France une France 100 pour cent connectée » en « assurant l'accès au numérique pour tous »

[105] CE 19 Mai 1954 Rec. p 281

[106] Soc 12 Octobre 2000 Bul Civ 5 N° 419

ignorer la loi » se double donc aujourd'hui d'une présomption de connexion. Nul ne peut se soustraire à la loi en invoquant le fait qu'il n'a pas (ou plus simplement qu'il ne veut pas) d'ordinateur. Ceci implique pour la république de devoir s'assurer que l'ensemble du territoire est effectivement relié au réseau. Est-on convenablement relié à la toile quand on habite Belle-Ile en mer ? Les réponses aux questions de ce genre devraient bientôt être apportées et le Gouvernement l'a promis : tout le territoire sera connecté pour 2022.

Celui qui n'a pas d'ordinateur et ne veut pas être connecté s'exclut de lui-même du champ social puisqu'il ne peut pas prendre connaissance des normes auxquelles il se trouve soumis. C'est un premier constat que nous pouvons dresser : il faut avoir un appareil relié à la toile pour connaître la loi. La république est numérique à marche forcée... Et tant pis si l'on dénonce encore une « *fracture du numérique* »[107]... Le second constat est peut-être un peu plus glaçant : n'est-ce pas aujourd'hui la Machine qui devient « *la bouche de la Loi* »[108] en délivrant le message législatif... et le robot en l'appliquant dans les conditions que l'on étudiera plus tard[109] ? Le citoyen comme le législateur ne deviennent-ils pas progressivement dépendants de la Machine ?

SECTION 2. ÊTRE CONNECTÉ POUR EXERCER SES DROITS

Faut-il être connecté pour exercer ses droits subjectifs et les défendre ? Mais d'abord qu'est-ce qu'un droit subjectif ? Et comment le défend-on ?

---

[107] Le CREDOC dresse chaque année un « *baromètre du numérique* » : en 2018, on estime que 89 pour cent de la population est connectée à Internet, dont 86 pour cent à domicile. 78 pour cent de la population possède un ordinateur et 75 pour cent à l'usage d'un smartphone. L'âge est un facteur déterminant qui entre en jeu pour déterminer si une personne est connectée ou non à internet. (Sourcing Credoc n°sou2019-4761 www.credoc.f)

[108] La formule est empruntée à Montesquieu qui l'avait employée pour qualifier les magistrats (Esprit des lois, Livre 11, chapitre 6)

[109] V° nos développements pages 108 et suiv.

Les droits subjectifs inclus dans le patrimoine de l'individu peuvent être très divers : on peut y placer les droits politiques (droit de vote, droit d'être élu...) les droits dits « de la personnalité » (droit à l'image, droit à la vie privée...) ainsi que les droits ayant une valeur pécuniaire (droits de créance, droits réels...). Mais ces droits n'ont d'intérêt que dans la mesure où l'individu est à même de les exercer et de les défendre en justice : à cette fin, on lui attribue des « *signes de la personnalité* » qui vont lui permettre de s'identifier et de se situer dans l'espace et dans le temps. On classe ainsi, parmi les signes, le nom, le domicile, l'état civil, la nationalité. Ce sont eux qui permettent à la personne d'exercer ses droits ou de les défendre : en d'autres termes, pour accomplir les actes de la vie publique, il faut décliner son identité complète et pour saisir la justice en délivrant une assignation ou en se constituant partie civile, il faut décliner à peine d'irrecevabilité ou de nullité son nom, son domicile, sa nationalité, son état civil.

Les signes de la personnalité ont donc une fonction précise : ils permettent à l'individu, sujet de droits, d'exercer et de défendre ses droits. Que constate-t-on aujourd'hui ?

L'entrée dans l'ère numérique a d'abord fait officiellement apparaître, outre la notion de « *patrimoine numérique* »[110] que l'on s'attend à voir défini prochainement comme un « ensemble de créances et de dettes numériques » reflétant la personnalité et qui viendra dédoubler la notion classique de « patrimoine » telle que définie par Aubry et Rau[111], un nouveau droit subjectif : *« le droit à la connexion ».*

---

[110] Le 113eme congrès des notaires s'est tenu à Lille en septembre 2017 sur le thème «*Familles, solidarité, numérique : le notaire au cœur des mutations*» et a mené un embryon de réflexion sur l'identité numérique et le patrimoine numérique : il propose de permettre à tout un chacun de « *mentionner ses directives relatives aux données numériques dans un testament déposé chez un notaire » (ceci pour régler le sort des comptes Facebook, twitter, Instagram après la mort de leurs titulaires. Ces données pourraient être confiées, avec leurs codes d'accès, à une personne désignée dans ce même testament. Le Congrès des notaires souhaite déclencher une prise de conscience chez les Français et sécuriser ce monde virtuel aujourd'hui si présent* »

[111] Des dispositions sont prévues pour encadrer la « *mort numérique* » c'est-à-dire la disparition des données numériques sur le net à la mort de l'individu

C'est un droit qui paraît universel puisque la loi « *garantit le droit à internet pour tous* ». C'est aussi un droit fondamental, ou même une liberté, puisque la loi instaure un « *droit au maintien à la connexion* » pour permettre « *aux plus démunis en cas de défaut de paiement* » de garder malgré tout la ligne internet. « *La connexion internet est maintenue par le fournisseur d'accès le temps de l'instruction de la demande d'aide auprès du Fonds de Solidarité* ». Le titre III de la loi a pour ambition de « *garantir l'accès au numérique pour tous* ». En fait, ce droit fondamental est peut-être le plus important de tous.

Il nous semble que ce nouveau droit subjectif perturbe l'ordre des choses car l'accès au net ne peut s'exercer que par la grâce de deux nouveaux signes jusqu'à alors inconnus : l'adresse électronique (boite mail) et le code d'accès qui sont autant de *« moyens permettant l'accès à une messagerie électronique ou aux services en ligne»*.

Le sujet de droits connecté n'a donc plus nécessairement un nom et un domicile répondant à la définition du code civil, mais il doit en revanche avoir obligatoirement une adresse mail et un code d'accès à sa messagerie, qu'on nomme d'ailleurs parfois « identifiants de connexion ». Par la grâce de ces deux nouveaux signes, l'individu pourra établir le lien de connexion et entrer en contact avec les autres.

Les identifiants passent donc, si l'on veut, avant les éléments d'état civil qui sont relégués au second plan et n'apparaissent peut-être plus comme des éléments solides d'identification : le domicile, autrefois unique[112] (comme le patrimoine), est depuis quelques années concurrencé par la notion de résidence ou même par celle d'habitation. Et le nom, habituellement qualifié d'immuable, ne l'est plus réellement. Il peut être modifié quasiment au gré de la volonté individuelle... Les signes traditionnels de la personnalité ne sont-ils pas en perte de vitesse ? Ne vont-ils pas céder la place - par nécessité - aux identifiants[113] ?

---

[112] V° A. Martin-Serf *Du domicile à la résidence* RTD Civ. 1978 p 535

[113] Il existe des textes visant à la protection des données personnelles (en particulier l'ordonnance 2018-1125 du 12 Décembre 2018 sur la protection des données personnelles) Le règlement général sur la protection des données

On observe cependant que l'adresse mail ne correspond pas à un endroit géographiquement déterminé : quant à l'identifiant de connexion, il ne correspond pas nécessairement au nom patronymique de l'individu. Il nous semble cependant que ces identifiants devraient être définis en raison de leur fonction, et non pas comme simples « *données* » personnelles qu'il faut se contenter de protéger. Ce sont, comme on va le voir, de vrais « signes » de la personnalité permettant réellement l'exercice des droits subjectifs.

Nous allons nous demander si, dans la période transitoire que nous traversons, l'exercice des droits subjectifs (§ 1) ainsi que leur défense (§ 2) peuvent encore se faire par la voie classique ou si au contraire ils ne peuvent déjà plus se faire que par la seule voie numérique (auquel cas, le nom, le domicile et l'état civil ne seront plus des signes d'identification indispensables et pourraient disparaître au bénéfice du code et de l'adresse mail).

§ 1. L'exercice des droits subjectifs

a) Les droits politiques du citoyen connecté

Le citoyen[114] est celui qui participe à la vie de la société en exerçant, comme électeur, ses droits politiques mais également en consentant, comme contribuable, à l'impôt. Faut-il nécessairement être connecté pour voter, pour payer ses impôts, pour entrer en rapport avec l'administration ?

Le citoyen électeur peut-il voter de façon dématérialisée ? Et si oui ne peut-il voter que par ce seul moyen ? C'est la question du vote électronique qui se pose et celle de sa reconnaissance. À dire vrai, la technique est depuis longtemps encadrée par la loi et le règlement dans le monde des sociétés[115], de l'entreprise[116],

---

(RGPD) 2016/679 est relatif à « *La protection des personnes physiques à l'égard du traitement des données à caractère personnel* ».

[114] Pauline Türk op.cit.

[115] V° La loi n° 2001-420 du 15 Mai 2001 et le décret du 3 Mai 2002 ouvrant la possibilité du vote électronique dans le cadre des assemblées générales d'actionnaires

des ordres professionnels[117], de la fonction publique[118]. L'exercice du vote électronique est naturellement admis dans tous ces domaines et ne donne pas lieu à contestation. Et l'on se dit : pourquoi ne pas le généraliser ? Pourquoi ne pas étendre la pratique du vote dématérialisé au domaine politique ? Pourquoi ne pas élire les parlementaires et le Président de la République par voie électronique ? Organiser une élection nationale selon les procédés habituels (impression des bulletins et des programmes, mise en place des isoloirs...) a un coût qu'évite la technique électronique. Mais la fraude est toujours possible. Alors que dire ? La question reste à l'ordre du jour : Nicolas Sarkozy était favorable en 2007 à l'instauration d'une telle pratique. En mai 2012, les Français de l'étranger ont participé à un scrutin numérique pour une consultation nationale en France. L'expérience a eu valeur de test. On se dit irrésistiblement qu'un jour ou l'autre, le vote électronique sera instauré lorsqu'il s'agira de désigner les représentants politiques... et qu'inévitablement, on ne pourra les désigner autrement que par cette voie.

Mais la question posée par le vote électronique en provoque une autre, à l'heure où le parlementarisme est mis sur la sel-

---

[116] V° La loi n°2003-591 du 2 Juillet 2003 autorisant le gouvernement à mettre en œuvre le vote électronique pour les élections aux chambres de commerce et d'industrie, aux chambres des métiers, aux chambres d'agriculture, aux tribunaux paritaires des baux ruraux, aux élections prud'homales. V° également le décret du 25 Avril 2007 et l'arrêté du même jour définissant les conditions et les modalités du vote électronique pour l'élection des délégués du personnel et des représentants du comité d'entreprise ; le décret du 23 Juillet 2007 et l'arrêté du 21 juillet 2008 ont défini les conditions et modalités de l'expérimentation du vote électronique pour les élections prud'homales de 2008 à Paris.

[117] V° Le décret N°2002-1306 du 28 Octobre 2002 modifiant le décret du 27 Novembre 1991 organisant la profession d'avocat a institué le vote à distance par voie électronique pour l'élection des membres du Conseil national des barreaux ; le décret du 13 Avril 2007 a défini les conditions et modalités d'élection par voie électronique des conseils de l'ordre des infirmiers.

[118] Le décret n° 2014-793 du 9 Juillet 2014 a défini les conditions et modalités de l'utilisation du vote électronique pour l'élection des représentants du personnel au sein des instances de représentation du personnel de la fonction publique de l'état.

lette : et si l'on appelait directement les citoyens à participer au vote de la loi ?[119] Le mouvement des « *gilets jaunes* » a provoqué le *« grand débat »* et deux millions de Français ont pu interpeller directement le Président de la République par la voie d'internet. Si le parlementarisme est menacé, internet ne contribuerait-il pas à faire renaître une apparence de démocratie directe[120] ?

Si le sort du citoyen électeur n'est pas encore totalement réglé à ce jour, celui du citoyen contribuable l'est... car ce dernier n'a désormais plus le choix : depuis 2019, tout impôt ou taxe d'un montant supérieur à 300 euros doit obligatoirement être réglé par voie dématérialisée comme le rappelle le site impots-gouv.fr. Cette obligation s'impose pour le paiement de tous impôts recouvrés par voie de rôle (impôt sur le revenu et prélèvements sociaux, taxe d'habitation, contribution à l'audio-visuel public, taxes foncières) Le paiement par chèque espèces ou virement n'est plus possible. Il faut utiliser le paiement en ligne, accessible sur le site dédié : l'accès est simple mais nécessite d'être en possession du numéro fiscal figurant sur l'avis d'impôts. Le paiement se fait à partir d'un ordinateur ou d'un smartphone ou d'une tablette. Le droit fiscal apporte une vision un peu détestable de notre système : celui qui ne paye que très peu d'impôts n'a sûrement pas la possibilité d'acquérir un ordinateur pour se connecter. Il peut donc rester dans la catégorie des sous-hommes et verser sa contribution en espèces....

On peut ajouter qu'il est possible pour tout usager du service public de saisir désormais l'administration par voie électronique ou même d'envoyer des lettres recommandées par voie électronique : tout est réalisable en ligne[121]. Certaines opérations ou

---

[119] V° Sylvain Chatry *Le citoyen consulté*, in Table ronde Le citoyen numérique, Perpignan 2019, Portail universitaire du droit htpps/univ-droit.fr

[120] Pauline Türk « *Citoyenneté, technologie et transhumanisme* » in « *Transhumanisme : questions éthiques et enjeux juridiques* » op. cit. page 321 et suiv. L'auteur voit dans le numérique *« Les droits du citoyen renforcés dans leur exercice »* et « *Une citoyenneté renouvelée dans ses fondements* » mais conclut sur l'apparition inévitable *du « robot citoyen »*.

[121] L'ordonnance n° 2014-1330 du 6 Novembre 2014 prévoit que « *tout usager, dès lors qu'il s'est identifié, pourra saisir l'administration par voie électronique dans les mêmes conditions qu'une saisine par voie postale et*

démarches ne peuvent plus être réalisées autrement qu'en ligne : obtention d'une carte grise, obtention d'un extrait de casier judiciaire.... Une plateforme « France Connect » a été créée aux fins de permettre aux différentes administrations d'échanger leurs données... Ce qui emporte pour conséquence que l'administré n'a plus à multiplier les codes d'accès et les mots de passe. Tout est - apparemment - plus simple... Mais on ne peut plus faire autrement. C'est l'observation qui a été faite plus récemment à propos des citoyens britanniques résidant en France, et qui souhaitent y rester en dépit du Brexit. Leur demande de passeport ne peut être effectuée qu'en ligne avant une date déterminée. Que se passera-t-il pour le citoyen âgé résidant de longue date dans le pays, et qui ne manie pas internet[122] ?

b) La souscription d'un acte juridique par le cocontractant connecté

La liberté contractuelle commande que tout individu est libre de passer un contrat s'il en a envie. Mais comment faire ? La révolution numérique a emporté des conséquences sur le droit des obligations contractuelles et sur le droit de la preuve. L'état actuel du droit témoigne du caractère transitoire de la période que nous traversons puisque coexistent encore les deux systèmes : le contrat et sa preuve envisagés de façon classique (c'est-à-dire un écrit réalisé sur un support papier) face au contrat numérique, à sa preuve numérique et à la signature numérique qui ont fait leur apparition.

La réforme du droit des obligations a été l'occasion pour le législateur de revisiter les règles *« propres au contrat conclu par voie électronique »* (qu'avait défini la loi 2004-575 du 21 Juin 2004) en une dizaine d'articles formant la sous-section quatre du chapitre 2 du code civil, intitulé *« la formation du*

échanger par lettre recommandée électronique ». Un tableau de bord est publié chaque année qui permet de suivre la perception qu'ont les Français des démarches administratives dématérialisées : la satisfaction serait *« très élevée »*. www.legifrance.gouv.fr

[122] « *Que doit faire une personne britannique pour rester en France après le Brexit ?* » 15 Octobre 2020 service-public.fr

contrat ». Un principe est désormais posé à l'article 1125 dudit code : *« La voie électronique peut être utilisée pour mettre à disposition des stipulations contractuelles ou des informations sur des biens ou services »*. L'acte juridique électronique est donc une réalité.

Des conditions spécifiques sont posées concernant la formation de ce contrat (qui est par nature un contrat entre absents) sur le maintien de l'offre[123] et le moment précis où les volontés se rencontrent. Le contrat est formé par un clic accusant réception[124]. D'une certaine façon, les règles relatives à la formation du contrat numérique mettent fin aux discussions doctrinales et jurisprudentielles touchant le moment de formation du contrat. La jurisprudence classique a longtemps hésité entre plusieurs théories : le contrat par correspondance est-il formé au moment

---

[123] Article 1127-1 c. civ « Quiconque propose à titre professionnel par voie électronique la fourniture de biens ou la prestation de services, met à disposition les stipulations contractuelles applicables d'une manière qui permette leur conservation et leur reproduction. L'auteur d'une offre reste engagé par elle tant qu'elle est accessible par voie électronique de son fait. L'offre énonce en outre : les différentes étapes à suivre pour conclure le contrat par voie électronique ; les moyens techniques permettant au destinataire de l'offre, avant la conclusion du contrat, d'identifier d'éventuelles erreurs commises dans la saisie des données et de les corriger ; les langues proposées pour la conclusion du contrat au nombre desquelles, doit figurer la langue française ; le cas échéant les modalités d'archivage du contrat par l'auteur de l'offre et les conditions d'accès au contrat archivé ; les moyens de consulter par voie électronique les règles professionnelles et commerciales applicable auxquelles l'auteur de l'offre entend, le cas échéant, se soumettre ».

[124] Article 1127-2 c. civ « Le contrat n'est valablement conclu que si le destinataire de l'offre a eu la possibilité de vérifier le détail de sa commande et son prix total et de corriger d'éventuelles erreurs avant de confirmer celle-ci pour exprimer son acceptation définitive. L'auteur de l'offre doit accuser réception sans délai injustifié, par voie électronique, de la commande qui lui a été adressée. La commande, la confirmation de l'acceptation de l'offre et l'accusé réception sont considérés comme reçus lorsque les parties auxquelles ils sont adressés peuvent y avoir accès ».

Art 1127-4 c. civ. «... La remise d'un écrit électronique est effective lorsque le destinataire après en avoir pu prendre connaissance, en a accusé réception. Si une disposition prévoit que l'écrit doit être lu au destinataire, la remise d'un écrit électronique à l'intéressé dans les conditions prévues au premier alinéa vaut lecture ».

où l'acceptant a émis son acceptation (théorie de l'émission) ou au contraire au moment où l'offrant à reçu l'acceptation (théorie de la réception) ou en a pris connaissance effective (théorie de l'information) : le « clic » de l'acceptant accuse réception de « l'auteur de l'offre » (en un clic) et le contrat est ainsi formé, éludant des discussions doctrinales.

Bien sûr, il est toujours possible de ne pas user de la voie numérique pour souscrire une obligation contractuelle. Le contrat numérique ne concerne en fait que les opérations effectuées sur le net. Les opérations effectuées en dehors du net ne semblent pas – pour l'instant du moins - affectées par le contrat numérique. Mais pour combien de temps encore[125] ? Il apparaît que la crise sanitaire a normalisé la pratique des achats en ligne : cette pratique va bientôt devenir la norme. On ne se déplacera plus pour faire ses achats.

Le droit contemporain a vu aussi l'avènement de la signature numérique et de la signature numérisée. Et le droit de la preuve des opérations juridiques atteste depuis un certain nombre d'années de la période transitoire que nous traversons : il existe encore à ce jour officiellement deux supports (qui ont une valeur probatoire identique) à l'acte juridique. Le support papier est concurrencé par le support numérique : de telle sorte qu'il existe des actes sous signature privée et des actes authentiques « sous forme numérique » et « sous format papier ». Mais pour combien de temps encore ? Le papier n'a-t-il pas de façon générale, vocation à disparaître ?

§ 2. La défense des droits subjectifs du justiciable connecté

Être titulaire de droits subjectifs, c'est aussi être titulaire du droit de les défendre en justice : sinon à quoi bon accorder droits à l'individu ? La révolution numérique est venue modifier

[125] Lucas Mediavilla, « *La France championne en Europe des achats en ligne* » lesechos.fr 23 Mai 2019.

irrémédiablement l'image du procès civil en introduisant progressivement la justice digitale[126].

Elle est apparue en 2016 avec la création du portail justice.fr, qui a constitué la première étape du « guichet numérique ». Son but était alors d'offrir aux justiciables des renseignements sur leurs droits et démarches et de leur fournir des fiches thématiques ainsi que des formulaires téléchargeables. Puis elle s'est développée avec l'instauration du SAUJ, qui centralise l'information sur les procédures civiles en France[127]. Elle s'achève avec la mise en place du portail des auxiliaires de justice, qui permet la saisine du tribunal en ligne par les avocats et les huissiers. Cette nouvelle application est nommée Portalis et assure la dématérialisation du début à la fin des procédures civiles. Le procès civil a donc été irrémédiablement affecté par la révolution numérique et cela sans que les praticiens ne s'en retournent[128] (a). Il en ira de même bientôt pour le procès pénal (b).

a) Le procès civil

Comment le procès civil a-t-il été touché par la révolution numérique ? Dans sa vision traditionnelle, il débute par une assignation en justice que l'huissier délivre au défendeur en se rendant à son domicile. Et pour que le tribunal soit saisi, une copie de l'acte est remise au greffe pour sa mise au rôle. C'est l'enrôlement. À la date finalement fixée - et après échange des pièces - les parties et leurs avocats pourront plaider l'affaire avant d'attendre le jugement.

---

[126] V° de façon générale : Antoine Garapon « *La justice digitale* » Paris, PUF 2018, 368 pages. Poinas « *Le tribunal des algorithmes* » Au fil des débats, Paris Berger Levrault, 2019. Alain Supiot « *La gouvernance par les nombres* » Essais Paris Fayard, 2015, 512 pages.

[127] V. Norguin « *Greffe et service d'accueil unique du justiciable* » Répertoire Procédure civile Dalloz n° 372

[128] Le phénomène n'est pas propre à la France : la commission européenne pour l'efficacité de la Justice (CEPEJ) a dressé le 7 Décembre 2016 « *Les lignes directrices sur la conduite du changement vers la Cyberjustice : bilan des dispositifs déployés et synthèse des bonnes pratiques* ».

Un décret du 11 décembre 2019, entrant en vigueur le 1er septembre 2020, devait bouleverser insensiblement ce schéma en donnant une nouvelle définition de l'acte. Sans doute « *la demande initiale* » demeurait-elle « *formée par assignation ou par requête remise ou adressée au greffe de la juridiction* » (art 54 à 58 du CPC). Mais l'assignation n'était plus nécessairement matérialisée par un document de papier que l'huissier devait remettre au défendeur en se rendant physiquement à son domicile. Le décret précisait en effet que la demande pouvait être désormais formée « *par voie électronique* » dématérialisée. Le support électronique devenait concurrent du support papier. Et le texte précisait alors que la demande devait comporter « *également, à peine de nullité, les adresses électroniques et numéro de téléphone mobile du demandeur lorsqu'il consent à la dématérialisation. Elle peut comporter l'adresse électronique et le numéro de téléphone du défendeur* ». Tout permettait de penser que cette modalité, décrite comme facultative, avait vocation à devenir obligatoire... contraignant le justiciable à se connecter pour exercer ses droits subjectifs.

Nous avions compris qu'avec la signification dématérialisée, l'huissier n'avait plus à se rendre au domicile du défendeur pour le rencontrer si celui-ci en est d'accord. Il n'avait plus à remettre de document papier : la délivrance immatérielle peut se faire de boite mail à boite mail. Et nous avons posé la question : l'avènement du domicile numérique ne va-t-elle pas du même coup modifier inévitablement la procédure civile et le droit des personnes ? Que devient plus profondément la notion de domicile puisque l'adresse électronique est exigée « à peine de nullité » de l'acte ? A-t-elle encore un intérêt ?[129] Quel est l'avenir des principes décrivant la compétence territoriale des tribunaux si le défendeur peut être convoqué par un acte simplement délivré à une adresse mail purement immatérielle[130] qui n'a pas pour effet de localiser l'individu dans l'espace ?

---

[129] V° Xavier Labbée, *Le domicile numérique* La gazette du Palais, 18 Février 2020, N°7 page 11

[130] Les praticiens le constatent quotidiennement : bien des personnes sont incapables aujourd'hui de fournir l'adresse de leur adversaire. Mais elles donnent naturellement à leur conseil un numéro de téléphone ou une référence

Un décret de novembre 2020 entrant en vigueur le premier janvier 2021 est venu supprimer l'assignation numérique, qui est donc passée à la trappe et n'aura vécu que deux mois[131] : pourquoi ? Et pour combien de temps ? N'y a-t-il pas beaucoup d'imprécision et d'empressement dans la démarche du Ministère de la justice ? Gageons cependant qu'il ne s'agit que de partie remise : il n'est pas improbable que l'on reparlera bientôt de l'assignation numérique, de l'adresse électronique, de ses mérites... et des bouleversements qu'elle pourra apporter sur le terrain de la procédure.

Puis, une fois délivrée, l'assignation doit être portée au rôle du tribunal pour que celui-ci soit saisi. Traditionnellement, il fallait remettre au greffe la copie papier de l'assignation délivrée, accompagnée d'une demande d'enrôlement écrite. Le décret de 2019 abolit cette pratique : désormais l'article 850 CPC dispose qu' « *À peine d'irrecevabilité relevée d'office, en matière de procédure écrite ordinaire et de procédure à jour fixe, les actes de procédure à l'exception de la requête mentionnée à l'article 840, sont remis à la juridiction par voie électronique. Lorsqu'un acte ne peut être transmis par voie électronique pour une cause étrangère à celui qui l'accomplit, il est établi sur support papier et remis au greffe selon les modalités de l'article 769 ou lui est adressé par lettre recommandée avec demande d'avis de réception. Si l'acte est une requête ou une déclaration d'appel, il est remis ou adressé au greffe en autant d'exemplaires qu'il y a de destinataires, plus deux....* ».

On ne peut donc plus - sauf exception - saisir le tribunal en se rendant au greffe pour y déposer une assignation « papier ». Le procédé est désormais irrecevable. Le greffe est appelé à devenir une sorte d'entité immatérielle et déshumanisée. L'image un peu balzacienne du greffier évoluant dans une pièce encombrée d'armoires diverses débordant de dossiers, de chemises en carton contenant des documents de papier, est appelée à disparaître à très court terme. Il n'y aura bientôt plus de papier

---

mail et s'étonnent d'entendre que ces éléments fournis sont en l'état inefficaces.

[131] Xavier Labbee « *Où est passée l'assignation numérique ?* » Février 2021, Actu-juridique Lextenso

au greffe. Et ne demeurera qu'une armée d'ordinateurs entretenus - peut-être - par un greffier.

Pour se défendre, la personne assignée pourra (et souvent devra) prendre un avocat dans la mesure où la représentation est le plus souvent obligatoire. Celui-ci devra se constituer, échanger ses pièces et conclure. Mais l'acte de constitution, l'échange des pièces et des conclusions se fait désormais par la voie dématérialisée (en application de l'article 850 du CPC) et cela par la grâce du RPVA (réseau privé virtuel des avocats fonctionnant sous l'autorité du Conseil National des Barreaux) qui permet aux avocats de communiquer entre eux et d'entrer en communication avec les juridictions. Un décret du 6 Mai 2017[132] impose la communication électronique devant les tribunaux judiciaires pour toutes les procédures avec représentation obligatoire. De même les avis avertissements et convocations sont désormais transmis par voie électronique aux avocats des parties. Les articles 748-1 et suivants du code de procédure civile permettent la dématérialisation des échanges entre juge, avocat, expert judiciaire et huissier de justice[133]. Et les services numériques ne font que se multiplier au sein de la profession.[134] Il faut comprendre qu'il n'y a plus d'autre moyen pour un avocat de communiquer officiellement avec un juge. Vouloir rencontrer un magistrat dans son bureau semble être aujourd'hui une incongruité.

Mais encore faut-il accéder au réseau RPVA. S'il n'est pas nécessaire d'avoir un code civil pour être avocat, il est en revanche indispensable d'avoir un code d'accès (une « clé ») permettant d'accéder au réseau e-barreau. Celui qui n'a pas de clé ne peut exercer la profession, fut-il agrégé des facultés, à part peut-être devant les juridictions d'exception survivantes à

---

[132] Décret n°2017-892 du 6 Mai 2017 portant diverses mesures de modernisation et de simplification de la procédure civile JORF N° 0109 du 10 Mai 2017

[133] Louis Berteloot « *La numérisation de la justice* » Mémoire de master, Lille, Juin 2020, V° également Miren Lartigue « *E barreau : les avancées en matière civile et pénale* » Gazette du Palais, 24 Novembre 2020.

[134] Miren Lartigue « *Avocat.fr, e-assp, les services numériques du CNB évoluent* » Gaz. Pal 8 Octobre 2020.

la dernière réforme. Celui qui perd sa clé se trouve – de fait – privé du droit d'exercer sa profession aussi longtemps qu'une autre clé lui sera délivrée. Et l'avocat radié du barreau est définitivement privé du code d'accès... On ne peut plus aujourd'hui exercer la profession d'avocat sans être connecté. Et cela peut être source de problème : l'usage du boitier RPVA français peut être un facteur d'exclusion pour un avocat étranger de pouvoir exercer en France[135].

Dans la mesure où le mot « plaider un dossier» devient souvent en pratique synonyme de « déposer un dossier » il est donc parfaitement possible (et déjà courant) pour un avocat, après avoir échangé des pièces et conclusions dématérialisées, de plaider officiellement une affaire... tout en restant chez lui. Le dossier simple a virtuellement été déposé au greffe. Mais demeure la question des affaires complexes nécessitant un semblant de plaidoirie. La crise sanitaire a contraint les praticiens à avoir recours aux audiences virtuelles, parfois par écran interposé. C'est commode et l'on se pose la question : ne faut-il pas généraliser la pratique ? À quoi sert finalement l'audience telle qu'on l'entend habituellement ? Ne faut-il pas la moderniser[136] ? À quoi sert plus profondément la plaidoirie dans les affaires civiles ? Enfin, une fois le dossier « plaidé » ne reste plus qu'à attendre le jugement dématérialisé qui sera peut-être signé (voire rendu... comme on le verra plus tard) par une machine[137], puis signifié par un acte immatériel et contre lequel un recours ne pourra être exercé que de façon uniquement dématérialisée.

Nous comprenons que dans un tel paysage, l'image du procès civil va se modifier inexorablement : le magistrat n'a plus besoin de voir les avocats et encore moins les justiciables.

---

[135] Gainteon J-L *La communication électronique du RPVA, clé ou verrou ? Facteur d'inclusion ou d'exclusion* ? Gaz Pal n°42, décembre 2017, p 21

[136] Laurence Garnerie *Vers une modernisation de l'audience ?* Gazette du Palais, 15 Décembre 2021.

[137] Les jugements des tribunaux de commerce sont électroniquement signés pour des raisons d'efficacité, de rapidité et de réduction des coûts : V° C. Blery « *Signature électronique des jugements de tribunaux de commerce : l'arrêté technique* » Dalloz actualités, 19 Avril 2019.

D'ailleurs il n'en a peut-être pas l'envie et dans cette mesure, pourquoi ce sentiment ne pourrait-il être réciproque ? Le procès se traite au mieux d'écran à écran[138]. Alors on ne peut s'empêcher de se demander à quoi servent les palais de justice dont l'entretien est si coûteux ? Et à quoi sert plus profondément le procès... Surtout qu'on peut avoir un regard encore plus critique lorsqu'on se demande qui est derrière l'écran : songeons à la secrétaire de l'avocat qui expédie au greffier de la juridiction les conclusions qu'elle a elle-même rédigées, aux fins que le même greffier puisse, en compagnie de l'auditeur de justice, rédiger le jugement qui mettra fin au litige virtuel... pendant qu'avocats et juges sont partis à la pèche ! « *On ne sait jamais qui est derrière l'écran* »... Cette affirmation qui résonne comme un proverbe contemporain, pose le véritable problème devenu commun à toutes les relations virtuelles : une relation virtuelle est-elle encore humaine ? N'est-elle pas aussi une relation d'une tristesse infinie[139] ? Certains avocats ont cru pouvoir affirmer non sans angoisse que le *« robot avocat »* existe d'ores et déjà... Il a fallu les rassurer même s'ils ne sont, comme dit le chanteur, sans doute qu' « *en avance de deux ou trois longueurs* »...[140]

À force d'être dématérialisé, le droit privé ne risque-t-il pas de perdre toute substance ? Et puis le procès dématérialisé ne va-t-il pas être réservé à une élite connectée ? Que dire de la fracture du numérique que nous avons déjà évoquée ? Le Défenseur des droits a d'ailleurs été saisi de la question[141].

Mais en droit privé, l'heure est-elle encore aux procès ? Nous verrons un peu plus tard que rien n'est moins sûr... car les

---

[138] Bérengère le Boedec Maurel « *Juger face à un écran* » Gazette du Palais N° 23 du 23 Juin 2020. Rapprocher dans un registre voisin : Laurence Garnerie « *Le masque et la défense* » Gazette du Palais N°30 du 8 Septembre 2020.

[139] Martine Laronche « *Amour virtuel : du fantasme à la réalité* » 12 Mars 2012, le monde.fr ; Michel Polnareff résume tristement la question dans sa chanson « Goodbye Marylou » (« *je me tape Marylou sur mon clavier* »)

[140] Louis Larret Chahine « *Les robots ne remplaceront pas les avocats* » LPA N° 207 du 17 Octobre 2017

[141] Laurence Garnerie « *Dématérialisation : le défenseur des droits met en garde les pouvoirs publics* » Gazette du Palais n°03, du 22 Janvier 2019

parties n'auront bientôt plus d'autre choix que de s'accorder d'une manière ou d'une autre tant l'accès au juge sera devenu difficile[142]. Nous retenons en tout cas pour l'instant que l'homme non connecté ne peut en tout cas engager de procès.

b) Le procès pénal

Le procès pénal est lui aussi affecté par la numérisation. On le voit non seulement en amont (avec la plainte électronique de la victime) et en aval (avec le bracelet électronique du prévenu) mais encore pour son déroulement lui-même, ce qui peut paraître fort perturbant.

En amont, toute victime d'une infraction a en principe la possibilité de déposer plainte par voie électronique, même s'il est encore possible de le faire plus simplement en se rendant au commissariat. C'est une loi n° 2019-222 du 23 Mars 2019 qui a créé en son article 42, le « *dépôt de plainte électronique* » (à ne pas confondre avec la technique de la « pré-plainte » électronique, mise en œuvre depuis 2008)[143] Le texte dit que toute victime d'infraction peut déposer plainte par voie électronique par la grâce d'une plateforme internet, dès lors que les faits qu'elle a subis figurent sur un arrêté du ministre de la justice. Sont exclus du champ d'application du texte les crimes et les délits les plus graves contre les personnes, que l'on doit toujours dénoncer selon le procédé « traditionnel ».

L'article 15-3-1 du code de procédure pénale est rédigé comme suit :

« *Lorsque... la plainte de la victime est adressée par voie électronique, le procès-verbal de réception de la plainte est établi selon les modalités prévues à l'article 800-1 et le récépissé ainsi que la copie du procès-verbal peuvent être adressés selon les modalités prévues par décret, à la victime, dans les meilleurs délais. Le lieu de traitement automatisé des informations nominatives relatives aux plaintes adressées conformément au présent article est considéré comme le lieu de*

---

[142] V° supra pages 149 et suiv.

[143] L'entrée en vigueur de la loi est différée au 24 Mars 2020

l'infraction. Il en est de même s'agissant des traitements des informations relatives au signalement des infractions ».

« *La plainte par voie électronique ne peut être imposée à la victime. Si la nature ou la gravité des faits le justifie, le dépôt de plainte par la victime selon les modalités prévues par le présent article ne dispense pas les enquêteurs de procéder à son audition. La date de celle-ci peut alors être fixée au moment du dépôt de la plainte et la victime est avisée de ses droits, énumérés à l'article 10-2* ».

Certes, ce nouveau procédé numérique ne supprime pas (pour l'instant du moins) la plainte « classique » déposée au commissariat. Et sans doute, la plainte en ligne peut-elle toujours donner lieu à une audition de la victime (celle-ci est d'ailleurs obligatoire en matière d'agression sexuelle). Mais il n'est pas improbable qu'avec le temps et l'habitude, le procédé se généralisera.

En aval, le placement sous surveillance électronique en France est possible depuis plusieurs années[144]. On connaît d'abord le placement sous surveillance électronique fixe (PSEF) qui a été instauré par une loi du 19 décembre 1997 et permet l'aménagement d'une peine pour une personne placée sous écrou. On peut ainsi s'assurer de la présence du condamné à son domicile à certaines heures déterminées par le juge de l'application des peines. On connaît ensuite le placement sous surveillance électronique mobile (PSEM) qui est quant à lui un régime de surveillance électronique apparu avec la loi[145]du 12 décembre 2005 relative à la récidive. Ce placement peut se poursuivre après la fin de la peine de prison, d'abord dans le cadre d'une surveillance socio-judiciaire, ensuite dans le cadre de la « surveillance de sureté »

Ces deux modes de placement supposent d'avoir recours à la technologie : le bracelet, généralement porté à la cheville, contient une puce électronique qui peut être détectée à distance par les autorités judiciaires ou pénitentiaires, grâce à un système

[144] Colloque « *Le bracelet électronique : état des lieux, état des savoirs* » 13 Janvier 2016 (dir. Annie Kensey Ministère de la justice) pse.sciencesconf.org

[145] Loi n° 2005-1549 du 12 Décembre 2005 relative à la récidive des infractions pénales.wwwlegifrance.gouv.fr

de géolocalisation. Si le porteur ne respecte pas ses obligations, en négligeant ses horaires ou en tentant par exemple d'ôter son bracelet, le système prévient immédiatement le centre de surveillance par le biais d'une alarme.

L'individu peut donc être surveillé de façon efficace et on se dit : pourquoi ne pas aller plus loin ? Pourquoi ne pas imaginer le neutraliser ou l'immobiliser à distance lorsqu'il paraît s'écarter du droit chemin ? Pourquoi, au point où nous en sommes, ne pas augmenter le bracelet électronique – largement admis par la société – par de tels procédés sans doute plus efficaces que le « suivi » judiciaire ? À quand le « boulet électronique » ?

Le procès pénal lui-même, en son déroulement, paraît même affecté par la numérisation. La crise sanitaire a contraint le Ministère de la justice à poser une grave question : peut-on concevoir un procès pénal *« à distance »* y compris aux assises ? Le ministre de la justice, ancien avocat pénaliste, a estimé que la présence physique d'un accusé n'était pas nécessaire lors d'un tel procès : il faut avant tout que *« le service de la justice tourne »*. Pourquoi ne pas juger « en distanciel » ? La question a été débattue mais le problème a au moins le mérite d'être posé[146]. Nul ne doute que dans quelques années, le débat paraîtra futile.

SECTION 3. QUEL EST LE SORT DE L'INDIVIDU NON CONNECTÉ ?

La révolution numérique a donc placé un ordinateur connecté à Internet entre les hommes, qui ne peuvent plus par principe, communiquer autrement (sauf exceptions appelées à disparaître). Ceci emporte comme conséquence logique que la personne non connectée se trouve dans l'incapacité d'exercer la plupart de ses droits. Le sujet de droits n'a donc aujourd'hui

---

[146] V° Laurence Garnerie, « *Recours et manifestation contre la visio conférence aux assises* » Gazette du Palais N°41 du 24 Novembre 2020 ; Laurence Garnerie « *Et pourtant elle tourne* » Gazette du Palais N° 42 du 1er décembre 2020.

plus le choix : il doit être connecté[147] pour exercer ses droits et les défendre. Et il doit aussi adopter le langage numérique, qui n'a peut-être plus grand-chose à voir avec la langue de Voltaire[148].

Il resterait encore aujourd'hui une petite catégorie d'humains non connectés mais elle aurait vocation à disparaître à très brève échéance. On parle en effet de politiques publiques visant à « *réduire la fracture* » du numérique[149]. De fait, celui qui n'est pas connecté ne peut plus faire grand-chose. Le néologisme « *illectronisme* » (associant illettrisme et électronique) serait actuellement employé pour désigner cette nouvelle catégorie d'individus. L'analphabète informatique se trouve aujourd'hui dans la situation d'un incapable, c'est-à-dire d'une personne titulaire de droits subjectifs se trouvant dans l'incapacité de les exercer. Celui qui n'est pas connecté ne peut plus agir en justice, ne peut plus payer ses impôts... il ne peut plus exercer que les seuls actes de la vie courante (un peu comme le fait le majeur en tutelle). Va-t-il falloir créer une nouvelle catégorie d'incapables ? Va-t-il au contraire falloir à nouveau modifier ou repenser tout le droit des incapacités en prévoyant tout simplement que celui qui est déclaré incapable par la loi ou par le juge doit être tout simplement privé de connexion au profit de son représentant légal ?

Et ne peut-on imaginer que le législateur, à titre de sanction civile, pénale ou administrative, puisse priver l'individu de connexion ? Autrefois existait la « mort civile » : dans certaines hypothèses, pour punir définitivement l'individu, on lui ôtait ses droits subjectifs et son patrimoine. L'individu biologiquement vivant était socialement mort et ne pouvait plus rien faire. Sa succession s'ouvrait. On s'interrogeait en doctrine sur le statut juridique du mort civil. Cette curieuse sanction a été supprimée

---

[147] V° Xavier Labbée, « *Le sujet de droits sujet connecté* » La gazette du Palais 31 Octobre 2017 p 37 ; V° P.J Delage « *Le transhumanisme : entre réception et dangers* » art. précité.

[148] V° Éric Morain, « *Fracture numérique de la langue française* » Gazette du Palais, tribune 29 Septembre 2020

[149] Christian Longhi et Amet Attour « *Fracture du numérique : le chaînon manquant* » Les cahiers du numérique. Janvier 2009

par un texte du 31 Mai 1854 qui l'a remplacée par l'interdiction légale, qui évoque davantage l'incapacité. Existe aussi plus simplement dans un registre voisin la déchéance des droits politiques.

Ne peut-on craindre un retour de ces procédés par l'instauration de la privation de connexion à titre de sanction ? Ne peut-on craindre l'avènement de la « mort numérique » ou de la déchéance d'internet à titre de sanction civile ou pénale ?

CONCLUSION PARTIELLE

L'homo numericus est bien là et il succède à *l'homo sapiens.*

L'avènement du numérique ne ressort pas d'une mode passagère mais traduit l'évolution irréversible de l'homme vers une nouvelle manière de vivre, qui suppose la présence obligatoire d'un ordinateur connecté à internet. Il nous semble difficile d'imaginer un retour en arrière. La crise sanitaire engendrée par le coronavirus n'a fait que confirmer la nécessité de cette connexion. En période de confinement, les rapports entre les individus n'ont pu se poursuivre que par la grâce du web.

On peut alors se poser une question : que faire en cas de coupure mondiale d'internet et de cyberattaque généralisée[150] ? Les hommes ne pourront plus communiquer entre eux et devront réapprendre à se parler. Le problème de la guerre informatique et des moyens de l'éviter est actuellement très sérieusement posé[151]. Sera-t-on capable de retrouver les gestes passés en cas d'arrêt brutal et généralisé du web ?

Cette grave question mise à part, la présence d'internet sans laquelle l'individu ne peut plus aujourd'hui faire grand-chose, emporte-t-elle pour autant modification de l'humain ? On pourrait se dire qu'après tout, l'ordinateur ou le smartphone ne sont que des objets et rien de plus : la hache en pierre taillée, puis en pierre polie puis en fer, ont été également des instruments qui

---

[150] V° Par exemple : Le Figaro avec AFP 17.12.2020 « *La cyberattaque en cours aux Etats unis pose un risque grave* » wwwlefigaro.fr

[151] « *On est en pleine guerre informatique ; après le coronavirus, faut-il s'attendre à une autre crise* ? » 26 avril 2020 france3-regions franceTVinfos.

n'ont fait que traduire l'évolution de l'homme au fil du temps sans pour autant entraîner sa transformation ou sa disparition. Qu'en penser ?

Il n'est pas impossible que la nécessité du smartphone puisse emporter, à court ou moyen terme, une modification physique de l'être humain : il est des études qui affirment que les enfants auraient tendance à développer une déformation de la colonne vertébrale, dans la mesure où ils passeraient la majeure partie de leur temps à regarder leur appareil[152]. Faut-il y croire ?

Plus sûrement, il est probable que, dans la mesure où l'indispensable smartphone peut se perdre ou peut-être volé, le port d'un bracelet ou d'un implant devienne à court terme obligatoire. L'expérience de l'implantation de puces sous-cutanées a déjà été réalisée et ne ressort plus de la science-fiction ; si l'on implante dans le corps de l'homme une puce lui permettant de communiquer à distance et de recevoir des appels... force sera de constater que son apparence sera modifiée. Un sixième sens lui sera alors définitivement conféré. S'il communique avec ses semblables par la voie d'une antenne, il va d'une certaine manière rejoindre la catégorie des insectes. Il est en tout cas modifié. Va-t-il falloir greffer le smartphone dans le corps de l'individu[153]? Cela nous paraît inévitable. Et tout porte à croire que la modification sera acceptée par le public. En tout cas, cette idée est actuellement exploitée pour des accessoires téléphoniques vendus sur Amazon[154].

Le juriste de son côté ne va pas avoir d'autre choix que de se pencher sur la nécessité de créer une nouvelle catégorie de

---

152 « *Smartphone : les adultes de demain seront bossus !* » (pourquoidocteur.fr) « *Comment les smartphones affectent l'esprit et le corps de vos enfants* » mamanly.com. « *Nos smartphones vont-ils nous rendre bossus ?* » terrafemina.com

153 « Les enfants japonais ont un GSM greffé dans la main » 26 Février 2009 RTL info

154 « Mon smartphone greffé à la main ! Faites autre chose de vos mains. Vraiment surpris, ce n'est pas du tout un gadget acheté pour mon téléphone pro pour bouger et le garder dans la main ! Il est comme greffé ! Je vais en acquérir un deuxième pour mon compte perso ! » (publicité pour Case Hero poignée de luxe pour smartphone : la dernière mise à jour pour utiliser ton smartphone, ta tablette ou ta liseuse » 7 euros 95)

signes de la personnalité intégrant les identifiants et d'en tirer les conséquences quant à la définition de la personne . Va-t-il falloir imaginer un service de l'état civil numérique réunissant ces nouveaux signes ? Va-t-il falloir donner à tout individu une adresse mail « officielle » et unique avec un code d'accès sécurisé ? La création d'un tel service nous semble inévitable : il nous semble que dans la post-humanité, le service de l'état civil sera d'abord celui de l'identité numérique. Quel sera le régime juridique de ces nouveaux signes ? Et quelles seront les conséquences de l'adoption de l'adresse mail (qui ne situe pas l'individu géographiquement) sur les règles de compétence territoriale des tribunaux ? Faut-il les maintenir ?

S'il fallait s'arrêter là, l'apparition de *l'Homo numericus* ne serait cependant peut-être pas trop inquiétante car elle ne ferait que traduire une simple évolution de l'homme. L'homme numérique ne serait qu'un humain augmenté d'un appareil, mais il resterait avant tout un humain. Il n'y aurait plus qu'à définir un « *humanisme numérique* »[155] des « *humanités numériques* » ou encore des « *sciences humaines numériques*[156] » pour traduire cette évolution qui ne remettrait pas pour autant en cause la distinction des personnes et des choses et leurs définitions que nous avons données plus haut.

Mais n'y a-t-il pas plus qu'une évolution ?

On peut se le demander dans la mesure où la révolution numérique s'inscrit elle-même au cœur d'une autre révolution qui nous paraît bien plus importante : l'avènement de la robotique et le développement de l'intelligence artificielle nous font assister à la venue sur la scène juridique de la chose sensible et intelligente qui peut même prendre une apparence humaine. N'est-ce pas la venue de cette nouvelle créature qui risque de signer la disparition de l'humanité, dans la mesure où elle va entretenir des rapports avec *l'homo numericus* de même nature que ceux qu'elle entretient avec ses semblables ? N'est-ce pas, en effet, le même ordinateur qui va relier indifféremment les

[155] Milad Doueihi « *L'humanisme numérique* » 2011, 192 p La librairie du XXIeme siècle, Seuil

[156] Pierre Mounier et Marin Dacos *Humanités numériques* état des lieux Institut Français, Paris, 2014

personnes entre elles, les choses intelligentes entre elles et les personnes et les choses intelligentes dans le cadre d'un unique et même rapport qui ne sera donc plus spécifiquement humain ?

La confusion des personnes et des choses est bien en marche. Et nous allons voir que le droit contemporain s'apprête à traduire cette confusion en unifiant le droit des personnes et des choses. La révolution robotique témoignerait du remplacement de l'humain par une autre créature qui n'appartient plus totalement à l'humanité. On l'appellera « *humanoïde* » ou « *homo roboticus* ». L'homo sapiens serait donc le dernier de la ligne des hominidés et s'apprêterait à être remplacé par un autre être, mi- personne mi- chose dont le droit est incapable de donner la définition.

CHAPITRE 2

L'avènement de l'ère robotique et de l'homo roboticus

L'avènement de la robotique risque de nous conduire inévitablement à la confusion des personnes et des choses, annoncée à vrai dire depuis longtemps chez les juristes (Section 1) au risque d'inverser les valeurs on ne sait plus ce qui est accessoire et ce qui est principal ; on ne sait plus ce qui est sacré et ce qui ne l'est pas (Section 2).

SECTION 1. LA CONFUSION ANNONCÉE DES PERSONNES ET DES CHOSES

L'humanoïde arrive, comme on le dira, sur la scène juridique.

Sa venue ne poserait pas de problème si la différence entre les personnes et les choses, pourtant claire et nette, n'était pas déjà remise en cause. La confusion des notions est en effet dans l'air du temps. Elle est entretenue par une partie de la doctrine juridique contemporaine, qui voudrait personnifier certaines choses alors que dans le même temps, des textes légaux emportent pour conséquence de réifier des êtres humains vivants (§ 1) Et on se dit qu'un lien juridique unique pourrait unir indifféremment les sujets entre eux, et les sujets et les objets (§ 2) La révolution numérique contribue à accélérer le processus d'unification et de confusion (§ 3) C'est dans ce paysage incertain que surgit l'humanoïde, dont on va tenter de définir le statut juridique. (§ 4)

§ 1. Personnifier les choses et réifier le vivant

La confrontation du statut de l'animal (a) à celui de l'embryon humain et des gamètes (b) n'est-elle pas révélatrice d'une inquiétante confusion ?

a) L'animal

La volonté de personnifier les choses est apparue en doctrine avec les auteurs qui réclament une réforme du statut de l'animal. Dans le code civil, l'animal est défini clairement comme une « chose animée »[157] dont le régime juridique dépend du droit des biens. Cette chose entre dans la catégorie des meubles et peut devenir immeuble par destination. Elle peut faire l'objet de propriété. L'animal est donc une chose *« objet de droit »* et n'est pas une personne « *sujet de droits* ». Comme le rappelle Philippe Malaurie, « *les personnes sont les seuls sujets de droits* ». Et d'ajouter *« sans doute parle-t-on aujourd'hui des droits de l'animal, ce qui n'a guère de sens »* car l'animal « *est un objet et surtout, n'est pas un sujet de droits : il ne peut avoir de droits subjectifs* »[158]

Tout est dit et le propos n'exclut en rien qu'une protection animale soit organisée. Il existe en effet des catégories spécifiques de « choses protégées » à différents titres (comme les bâtiments historiques qui font l'objet d'une législation très protectrice) : ces choses suivent un régime qui déroge au droit commun des biens, tout en continuant d'appartenir à la catégorie des choses. Un immeuble protégé reste un immeuble même si son statut est particulier.

---

[157] Art 527 (code civil 1804) « *Sont meubles par nature, les corps qui peuvent se transporter d'un lieu à un autre, soit qu'ils se meuvent par eux-mêmes, comme les animaux, soit qu'ils ne puissent changer de place que par l'effet d'une force étrangère, comme les choses inanimées* ». Nous pourrions nous souvenir de cette définition pour qualifier le robot humanoïde.

[158] Philippe Malaurie, Les personnes, 5eme Edition, 2000, Cujas n°1

Les textes organisant la protection animale sont tellement denses qu'ils ont été réunis par certaines maisons d'édition sous la forme d'un « code animalier »[159] qui apparaît aujourd'hui très complet. La protection de l'animal est donc bien réelle et spécifique. Mais elle apparaît toujours, aux yeux de certains auteurs, insuffisante, comme si la protection devait nécessairement passer par la personnification pour être efficace.

De fait, dans la doctrine juridique, un fort courant personnificateur demande avec insistance, depuis une trentaine d'années, l'attribution de la qualité de personne juridique aux animaux[160] Cette doctrine d'apparence généreuse, s'appuie sur les travaux de bon nombre de philosophes et de scientifiques, et semble s'inscrire dans la suite des conclusions de Charles Darwin[161] : l'homme n'est-il pas finalement qu'un animal évolué ? Quelle différence y-a-t-il entre lui et un grand singe[162]? Elle reçoit aussi le soutien de différents lobbies plaidant la cause animale et n'hésite pas à s'appuyer sur des décisions de justice équivoques : on a parlé de « garde du chien » dans le divorce (en employant les mots qu'on utilise pour les enfants) de « préjudice moral »[163] pour perte d'un animal évoquant celui que l'on ressent pour la perte « d'un être cher ». On parle aussi « d'adopter » un animal comme on adopte un enfant et le mot employé pourtant de façon inappropriée, ne choque pas.

Walt Disney - qui le premier a réussi à faire parler au cinéma les animaux comme les humains - n'a certainement pas été étranger à cette vision anthropomorphique de l'animal, « meilleur ami de l'homme ». Et c'est ainsi que des projets de lois ont

---

[159] Ainsi la maison Lexis Nexis a présenté en 2019 le *1er code animalier*

[160] V° par ex : J.P Marguenaud « *La personnalité juridique des animaux* » Recueil Dalloz 1998, p 459. *L'animal en droit privé.* Thèse Juin 1993, Préface de Claude Lombois PUF V° déjà René Demogue *La notion de sujet de droits Caractères et conséquences* RTD Civ 1909, p 611 ; Suzanne Antoine *Un animal est-il une chose ?* » Gaz.Pal 1994, 1 Doct, 594

[161] Nicolas Journet « *Charles Darwin de l'animal à l'homme* » Sciences humaines N° 20 Mai 2015 scienceshumaines.com

[162] Jacques Leroy « *Les hommes de Soror* » in « Science-fiction et science juridique » (dir. PJ Delage) IRIS Editions, p 167 et suiv.

[163] J P Marguenaud *La protection juridique du lien d'affection envers un animal* Recueil Dalloz. 2004, page 3009.

été déposés visant à le personnifier. Il aurait été question *in fine* de permettre aux propriétaires d'animaux de compagnie, d'attribuer la qualité de sujet de droits à leur compagnon préféré. Des auteurs ont même proposé de créer, en marge de la personne humaine, une catégorie des « personnes non-humaines » qui aurait eu pour mérite de distinguer les animaux des hommes : le législateur était ainsi censé « *apporter les réponses théoriques et pratiques aux nombreuses incohérences de notre droit sur la question des animaux* »[164]

Mais le législateur, tout en réaffirmant que l'animal est « *un être sensible* » qui mérite une protection spécifique, n'a pas voulu - pour l'instant du moins - suivre ce courant que beaucoup estiment généreux. L'animal fait toujours partie du livre II du code civil dédié aux biens même s'il occupe désormais une place particulière et a un statut spécial. Un animal est donc une chose protégée en tant « qu'être sensible ». L'importante protection[165] dont il fait l'objet ne lui fait pas pourtant changer de catégorie. Il n'est pas une personne. Il est vrai qu'on ne peut pas plus épouser un animal qu'on ne peut passer avec lui un contrat ou mener contre lui une procédure. Et que sa destruction n'est pas punie au titre du meurtre ou de l'assassinat par le code pénal.

Nous pensons de notre côté, que la personnification de l'animal n'est pas plus souhaitable qu'elle n'est techniquement possible : la personnalité juridique est attribuée naturellement aux personnes physiques sans distinction de race ou de sexe, de la naissance à la mort. Le droit autorise en revanche - par fiction - les individus à doter artificiellement de la personnalité juridique, des groupements de personnes qu'ils peuvent créer. On parle alors de « personne morale ». La technique de la personnalité morale n'est réservée qu'au domaine des groupements de

---

[164] Caroline Regad, Cédric Riot, Sylvie Schmidt *La personnalité juridique de l'animal : l'animal de compagnie* Lexis Nexis 2018 V° également Philippe Reignié *Quelles personnalités juridiques et quels droits pour les animaux* ? In « Droits des êtres humains et droits des autres entités » Colloque Montpellier 16 Mai 2019

[165] V° La déclaration universelle des droits de l'animal a été proclamée le 15 Octobre1978 à la maison de l'Unesco à Paris

personnes contractuellement ou légalement créés : c'est un *« truc de juristes »* utilisé pour faciliter les rapports économiques et sociaux. On ne peut pas utiliser cet artifice, réservé aux groupes d'individus, dans un autre but : en d'autres termes, on ne peut pas déduire du procédé technique de la personnalité morale un principe selon lequel le parlement aurait le pouvoir d'attribuer la personnalité juridique à des êtres non-humains qu'il qualifie jusqu'alors de « choses »[166]. Le parlement n'a en principe pas la possibilité de faire n'importe quoi. Les animaux n'appartiennent pas à la catégorie des « *êtres humains* » même s'il s'agit d'êtres vivants. Ils n'ont donc pas naturellement la personnalité juridique. Leur attribuer une telle qualité ne ressortirait que d'une fiction, et supposerait l'utilisation d'un artifice qui n'est utilisé actuellement qu'en faveur de certains groupements de personnes physiques, et qui est issu du domaine du droit des contrats (sociétés, associations etc). Mais il est vrai qu'on a déjà vu le parlement s'attribuer des pouvoirs qu'il n'a pas...

Mais tiendra-t-on toujours le même raisonnement lorsque l'intelligence artificielle permettra, en « décodant » le langage animal, de converser avec lui par la voie d'un smartphone ? Et que dire lorsqu'on l'on parviendra à créer un être hybride, mi-homme mi- animal[167] ? Quel sera son statut ? Nul doute alors que l'animal sera personnifié, qu'on pourra l'adopter, le gratifier, l'abandonner en suivant les règles proches de celles décrites par le droit des personnes et de la filiation. Des mots identiques révéleront des règles uniques et confondues. Cette évolution nous paraît d'autant plus inexorable que le robot humanoïde arrive aujourd'hui sur la scène juridique, renouvelant avec lui, comme on le verra plus tard, le questionnement de la distinction des personnes et des choses.

[166] Rapprocher : Demogue « *La notion de sujet de droits. Caractères et conséquences* » RTD Civ 1909, p 611 V° également PJ Delage « *Les androïdes rêveront ils de la personnalité juridique ?* » in « Science-fiction et science juridique » op. cit pages 181 et suiv.
[167] Delage Op. Cit

b) L'embryon et les gamètes

Dans le même temps, un fort courant législatif a réifié les gamètes et l'embryon humain, abaissant ce dernier au rang de simple matériel génétique : une cinquantaine d'années auront ainsi suffi à transformer une personne en chose. L'enfant conçu, que le droit personnifiait autrefois, a brutalement changé de catégorie juridique à la faveur de la pensée majoritaire en vogue dans la période soixante-huitarde. C'est pourtant d'un être humain vivant qu'il s'agit.

Jusqu'aux années 1970, l'enfant conçu pouvait être considéré comme un sujet de droits à part entière[168] : sur le terrain pénal, l'avortement était une infraction contre les personnes[169] (et donc - pourquoi pas ? - contre la personne de l'enfant). Et sur le terrain civil, lorsque les intérêts de l'enfant simplement conçu étaient susceptibles d'entrer en contradiction avec ceux de sa mère (par exemple, en cas de succession) on pouvait solliciter la désignation d'un « *curateur au ventre* »[170] dont la mission était de représenter et de défendre l'enfant simplement conçu. On pouvait donc logiquement conclure à sa personnification : l'enfant conçu, protégé par le droit pénal des personnes, dispose sur le terrain civil d'un patrimoine administré par quelqu'un d'autre que sa mère avec qui il peut entrer en conflit d'intérêts... C'est donc qu'il est un sujet de droits à part entière ! Au surplus, la traduction purement littérale de l'antique maxime « *infans conceptus...* » élevée au rang de principe général de droit par la cour de cassation, pouvait confirmer l'analyse personnificatrice de l'être se trouvant dans le ventre de sa mère. Il ne faut donc pas s'étonner que les thèses de droit soutenues à l'époque sur ce sujet, concluent toutes aisément à la personna-

---

[168] De façon générale : Xavier Labbée *L'enfant conçu* fascicule Juris classeur n°50 sous article 16 c.civ.

[169] L'article 317 du code pénal (ancien) réprimait l'avortement et était placé dans un chapitre consacré aux infractions « contre les personnes ». La femme qui avait recours à l'avortement et le tiers qui l'aidait pouvaient encourir une peine d'un an à cinq ans d'emprisonnement.

[170] Article 393 C. civ 1804

lité juridique de l'enfant simplement conçu[171]. C'est l'analyse contraire qui aurait été surprenante.

Mais les temps ont changé et l'institution du curateur au ventre disparaîtra au bénéfice d'un texte du 4 décembre 1964, tandis que la loi Veil instaurera le 17 Janvier 1975[172] l'interruption volontaire de grossesse. Toute femme est désormais libre d'interrompre sa grossesse dès lors que l'acte interruptif librement voulu intervient dans un certain délai[173] : initialement fixé à dix semaines, il passera à douze semaines par la grâce d'une loi du 4 juillet 2001[174]. Le législateur contemporain aurait l'intention de l'allonger un peu plus. Des députés ont proposé de retenir une période de quatorze semaines. L'I.V.G est par ailleurs remboursée à cent pour cent par la sécurité sociale ; c'est désormais un acte médical banal qui ne se distingue plus des autres. Et qui ne devrait certainement plus culpabiliser celle qui s'y livre.

Si l'interruption de grossesse n'est plus une infraction dès lors qu'elle est voulue, c'est tout simplement parce que l'être vivant dont on se débarrasse n'est plus considéré comme une personne par le droit (sinon l'acte interruptif de la vie serait évidemment homicide). L'enfant conçu se trouvant dans le ventre de sa mère n'est donc plus qu'une simple fraction de chair, *pars mulieris* et la suppression du curateur au ventre ne fait rien que confirmer l'analyse. L'enfant n'est plus un sujet de droits et n'a plus de patrimoine. On ne peut donc plus rien faire pour lui ou contre lui tant qu'il n'est pas né. « *Aucune action en justice* » n'est d'ailleurs possible[175] quant à sa filiation, comme le rappelle le législateur en 1972. Il n'est plus qu'une « *pars mulieris* », un morceau du corps de la mère. L'interruption volontaire de grossesse évoquerait l'amputation, l'ablation d'un kyste et rien d'autre. C'est pourquoi la femme est seule juge de

---

[171] René Lalou « *Etude de la maxime infans conceptus* » Thèse Paris 1904, A. Rousseau Ed. Louis Sebag « *La condition juridique des personnes physiques et morales avant leur naissance* » Thèse Paris, 1938.

[172] Loi n° 75-17 du 17 Janvier 1975

[173] Article L 2222-2 du CSP

[174] Loi 2001-588 du 4 Juillet 2001 relative à l'IVG et la contraception.

[175] Art. 318 C.c iv

son opportunité. D'un autre côté, l'analyse de l'article 311 du code civil rappelant que l'enfant est présumé conçu dans la période « *qui s'étend du 300eme au 180eme jour avant la naissance* » permet de comprendre que la maxime *infans conceptus*, loin de conférer la personnalité juridique à l'enfant dès le premier jour de la conception, n'est qu'une fiction juridique établie au profit de l'enfant né vivant et viable, qui pourra - à condition qu'il y aille de « son intérêt » - faire remonter fictivement sa personnalité au jour présumé de sa conception, par rétroactivité. La personnalité juridique n'est donc pas donnée à l'être conçu par anticipation. Elle n'est attribuée qu'au bénéfice d'une fiction rétroactive établie en faveur de l'enfant venu au monde vivant et viable. C'est donc bien la naissance (et non la conception) qui est l'événement attributif à l'enfant de la personnalité juridique : la Déclaration des droits de l'homme indique d'ailleurs en son article 1 que les hommes « *naissent* » libres et égaux en droits. Elle ne nous parle pas de l'enfant conçu.

Les lois bioéthiques encadreront par la suite la procréation médicalement assistée au profit des couples stériles, transformant les gamètes en simple matériel génétique et abaissant l'embryon congelé au rang de simple graine, qu'on peut « accueillir » mais non « adopter ». L'embryon n'est pas un enfant qui aurait des parents mais est plutôt l'« *œuvre* » d'un couple « *d'auteurs* ». Les mots sont empruntés au vocabulaire du droit des biens immatériels... Dans la logique de ces lois, le médecin ne faisait initialement qu'assister la Nature défaillante sans pour autant la remplacer. Mais la « PMA pour toutes » (c'est-à-dire pour tous les couples de femmes ou encore toutes les femmes célibataires) est cependant aujourd'hui attendue. Elle bouleverse, dans l'indifférence générale, la notion même de procréation... Le médecin remplace la Nature qui n'est plus pour autant défaillante et se met au service du seul désir de l'individu. L'enfant n'est plus l'œuvre de la Nature ou de Dieu permettant à un couple formé d'un homme et d'une femme de se reproduire. Il devient au contraire le fruit de la volonté unilatérale de la femme qui paraît maîtriser seule la procréation dans un système devenu singulièrement matriarcal. Mais que l'on se rassure ! Bientôt l'utérus artificiel[176] se chargera de porter les enfants tant il est vrai que l'accouchement constitue une épreuve dont toute femme devrait pouvoir se passer. L'enfant qui viendra au monde selon ce procédé aura-t-il pour mère une machine ? Sera-t-il encore humain ?

Il est notable de constater qu'aucune proposition n'a jamais été faite[177] pour personnifier l'enfant conçu ou lui donner *a minima* un statut comparable à celui « *d'être sensible* » dont bénéficie actuellement l'animal. La personnification de l'enfant conçu n'est pas à l'ordre du jour. Sa protection paraît, à bien des égards, inférieure à celle de l'animal. Son abaissement au rang de simple matériau ne fait que s'accentuer. Dans cette veine est apparu d'ailleurs le « *bébé médicament* » (qu'on préfère appeler « *bébé du double espoir* »)[178] qui semble n'avoir d'autre destin que de servir de « *source d'organes et de produits*» au profit d'un frère ou d'une sœur ainée malade.

Le droit contemporain reflète donc une image un peu étrange et en tout cas inattendue de notre société. On voudrait personnifier l'animal (au nom curieusement allégué de l'humanisme) mais on réifie dans le même temps l'être humain pourtant vivant : quelle chose étrange ! Et nous voyons les défenseurs de la Nature se préoccuper de la sexualité des dauphins[179], veiller à la reproduction des animaux menacés de disparition... mais se désintéresser de la révision des lois bioéthiques qui ne nous parlent pourtant rien d'autre que de l'avenir de l'humanité et de la médicalisation de la procréation. Comme si l'homme était

---

[176] Philippe Petit « *Le statut de l'embryon et l'ectogénèse* » 13.03.2008, franceculture.fr ; Christelle Perret « *Les bébés humains pourraient naître d'utérus artificiels d'ici dix ans* » 25 Mai 2019 dailygeek.com

[177] Nous avions proposé un système qui – sans remettre en cause la loi Veil – aurait permis à toute femme enceinte de déclarer sa grossesse une fois passé le seuil fixé par la loi (à l'époque 10 semaines). Cette déclaration – facultative - aurait eu les effets d'une déclaration de naissance. La proposition n'a pas été suivie d'effet (V° Xavier Labbee « *La condition juridique du corps humain avant la naissance et après la mort* ». Pu Lille 1990)

[178] La loi 2011-814 du 7 Juillet 2011 autorise le double DPI qui permet de concevoir un bébé dans le seul but d'en sauver un autre.

[179] Audrey Dufour Lacroix.com 31 juillet 2017 « *Le conseil d'état se penche sur l'épineuse question de la reproduction des dauphins et des orques en captivité* »

tout à coup devenu étranger à la Nature dont il affirme pourtant être le seul maître ! N'est-on pas en train de tout mélanger et de tout confondre ? L'humanisme utilitariste et égoïste est-il bien de l'humanisme ?

Peut-on chercher à redécouvrir le droit Naturel ? L'homme n'est-il pas soumis à la Nature et à ses lois immuables ? Faut-il redécouvrir les jus-naturalistes ? Il est vrai qu'évoquer les lois de la Nature peut paraître contraire au langage « politiquement correct » que véhiculent aujourd'hui les media. L'homme veut bien respecter la Nature... mais n'accepte plus d'être soumis à ses lois, parce qu'il affirme qu'il en est le Maître car sa raison le lui dicte. Et c'est pourquoi l'homme se dit prêt à en modifier, s'il le faut, les mécanismes... quitte à fabriquer un nouveau décor si cela devait s'avérer nécessaire. Et à s'auto détruire en imaginant un être humain génétiquement modifié pour résister à l'Apocalypse qui l'attend... Comme c'est étrange !

Personnifier les choses et réifier les personnes... N'est-ce pas bouleversant ? Tout cela démontrerait qu'au fond, *« on ne naît pas robot... on le devient »*.

§ 2. La confusion des personnes et des choses par la numérisation

La révolution numérique dont on a parlé plus haut, se combine avec l'arrivée sur la scène juridique des choses intelligentes, capables aujourd'hui d'échanger des informations plus ou moins profondes avec des personnes. On parle aujourd'hui à une chose comme on parle à une personne. Et le pire, c'est que la chose répond... parfois mieux qu'une personne !

La voiture qu'on pilote (et qui sera bientôt autonome) peut nous inviter à faire le plein, à vérifier le niveau d'huile, à attacher les ceintures, à nous guider... mieux que ne le ferait un chauffeur professionnel. Et nous trouvons cela tout naturel. Bientôt elle nous conduira toute seule, bien mieux qu'un pilote, puisqu'elle est sobre par nature et respectera automatiquement les limitations de vitesse. Alors pourquoi ne pourrait-elle, à l'aide du GPS, prendre l'initiative de se rendre à la pompe à essence lorsque le réservoir se vide ? Pourquoi ne pourrait-elle appeler l'assureur et la police, en cas d'accident ? C'est, après tout, le véhicule qui est assuré... Il ne faut plus faire preuve d'imagination pour camper un dialogue entre une voiture autonome... et le robot répondeur de la compagnie d'assurance qui traitera le dossier lui-même... Et, au point où nous en sommes, pourquoi la voiture autonome ne pourrait-elle engager elle-même, en cas de conflit, de concert avec le robot de la compagnie d'assurances, une procédure devant le robot du tribunal judiciaire où tout est désormais numérisé ?

De son côté, l'individu interroge aujourd'hui tout naturellement Google avec qui il peut entretenir une conversation. C'est bien souvent le seul interlocuteur capable de le renseigner efficacement. Curieux compagnon de solitude !

La numérisation des choses a même atteint le corps humain : progressivement, la machine s'est rapprochée du corps humain pour proposer son assistance, au point d'être devenue indispensable... car elle en fait maintenant partie. Sont apparus depuis quelques années, différents instruments (qui n'entrent pas nécessairement dans la catégorie des dispositifs médicaux) que l'on connecte directement à notre corps. Ces objets qu'on a baptisés « objets connectés »[180] nous envoient des signaux plus ou moins en rapport avec notre santé. On a vu apparaître ainsi des montres-sport (qui calculent les calories brûlées par le corps et décrivent le rythme cardiaque), des ceintures connectées (qui détectent les mauvaises postures) des vêtements connectés (qui détectent par exemple les hausses de tension ou le taux de cholestérol). On a même vu, dans un domaine plus léger, apparaître « le bikini connecté » qui détecte les coups de soleils prévisibles ![181] Tous ces instruments sont à même d'appeler leur propriétaire sur son smartphone pour le renseigner sur l'état de son corps. Et - pourquoi pas ? - lui parler...

---

[180] Martine Behar Touchais *Les objets connectés,* IRJS Ed, 2018, 358 p.

[181] Actu-orange.fr : « *Une Start –up alsacienne invente le bikini connecté!* » ; C.H avec AFP « *Spinali Design : un bikini connecté contre les coups de soleil* » Paris Match, 10 juin 2015

Ces objets sont amovibles. Mais il existe aussi des objets connectés implantés : nous avons cité à titre d'exemple[182] la « *prothèse de genou connectée* » baptisée « *Followknee* » qui a été mise au point par une entreprise de Brest. Non sans humour, le C.H.R.U de Brest a assuré que cet instrument constitue « *une avancée pour les patients* », simplement parce qu'il « *intègre des capteurs miniatures capables de déceler une infection ou un défaut mécanique* ». Par la voie de son smartphone, le patient peut ainsi collecter toutes les informations concernant sa prothèse[183]. On peut donc imaginer le curieux dialogue qu'on aurait qualifié autrefois de surréaliste : « *Bonjour, c'est ton genou qui te parle. J'ai besoin d'une goutte d'huile* ». Et l'on se dit : qui commande qui ? On observe en outre que l'objet n'est pas détachable du corps humain puisqu'il y est intégré. Il devient donc « personne par nature » en application de la règle *accessorium sequitur principale* précédemment étudiée[184]. La présence d'une puce intelligente dans cette prothèse intégrée au corps humain ne va-t-elle pas constituer une sorte de second cerveau, ou une espèce de seconde personnalité ? Quel sera le programme de la puce implantée ? Quel sera son degré d'intelligence et d'autonomie ? Celle-ci pourrait-elle annoncer par exemple : « *Bonjour c'est ton genou. Je suis en panne pour une raison que je n'arrive pas à déceler. Je préviens le smartphone de ton avocat et lui demande d'engager une action en responsabilité contre mon fabricant. Ne t'occupe de rien* ».

L'exemple donné par la prothèse de genou connectée n'est pas isolé : il existe aujourd'hui des dispositifs électroniques bien plus inquiétants, puisqu'ils sont directement implantés

---

[182] Xavier Labbee « *Le corps humain connecté* » La Gazette du Palais, 6 Mars 2018, N°9 p 14

[183] Ouest-France « *Prothèse du genou connectée. Une première française à Brest* » 23.01.2018 V° Nathanaël Jarrassé « *prothèses robotiques : vers un nouveau dualisme ?* » in *L'humain et ses prothèses*, Lindermeyer (dir) CNRS éditions pp 219 et suiv.

[184] V° pages 27 et suiv.

dans le cerveau humain et visent à augmenter les capacités intellectuelles.[185] Qu'en penser ?

Toutes ces prothèses connectées suscitent des inquiétudes : peuvent-elles être piratées par des bio-hackers ? Peuvent-elles être, dès lors, commandées par autrui ? *« Bonjour c'est ton genou. Je suis aux mains d'un pirate qui ne me débloquera que moyennant une rançon. Délivre-moi d'urgence »*. Le problème est malheureusement posé : on frémit à l'idée de constater qu'il est possible de pirater un stimulateur cardiaque à distance[186].

Ces prothèses peuvent-elles, dans un autre registre, être programmées pour être changées au bout d'un certain temps par obsolescence ? Et finalement, l'homme ne sera-t-il pas commandé par la Machine ? Ne devient-il pas l'esclave de son corps machine ? En imaginant que le smartphone de l'individu (qui lui permet de communiquer à distance en lui donnant un sixième sens) soit greffé dans le corps de l'individu, nous pouvons donc imaginer que la prothèse de genou connectée s'adresse directement au smartphone implanté de la personne... Quel curieux dialogue que celui entretenu par deux instruments de prothèse à l'insu peut-être, de leur propriétaire ! Que devient la personne dans toute cette histoire ?

Vouloir accorder la personnalité aux choses revient en fait à confondre les personnes et les choses et à imaginer un lien unique, de même nature, susceptible d'unir indifféremment les personnes et les choses. La chose s'élève au rang de personne tandis que la personne s'abaisse au rang de chose : et l'amalgame est réalisé.

D'ailleurs, ce lien uniforme n'existe-t-il pas déjà ? N'est-il pas en passe de se révéler ? Ne constate-t-on déjà, en droit privé, qu'existe une sorte de confusion visant à unifier les règles

---

[185] Assemblée nationale Mercredi 7 Novembre 2018 Compte rendu n°59 Audition de Jean Gabriel Ganascia dans le cadre de la révision des lois bioéthiques

[186] Rédaction du Monde « *Cœur à prendre : un hacker parvient à pirater un pacemaker* » Le Monde 24 Octobre 2012 ; C. Auffray « *Pirater un pacemaker, ce n'est pas juste de la fiction* » ZDnet 30 Mai 2017 ; Jacques Henno, « *Les implants médicaux, futures cibles pour les pirates* » Les Echos 29 Novembre 2016.

permettant l'acquisition de la propriété d'un bien et celles visant à établir la parenté entre deux personnes ? Le lien unissant deux personnes entre elles, ou une personne et une chose, ne finit-il pas par être d'une nature identique ?

§ 3. Vers l'avènement d'un lien de droit unique entre les personnes et les choses

Faut-il craindre l'avènement d'un lien unique unissant indifféremment les personnes entre elles, et les personnes et les choses ?

Le droit contemporain des personnes et de la famille reflète d'abord une réalité surprenante : on ne fait plus aujourd'hui de différence entre les personnes elles-mêmes. L'homme et la femme ont atteint un tel degré d'égalité qu'il n'y a plus lieu de les distinguer.

Il y a une cinquantaine d'années encore, la famille était fondée sur le mariage (et uniquement sur le mariage) lequel était issu de la rencontre d'un homme et d'une femme qui s'unissaient dans le but d'avoir des enfants par la procréation. Mais le visage de la famille n'est plus aujourd'hui celui-là : le mariage n'est plus le procédé par lequel on fonde une famille. D'autres conjugalités issues de structures plus légères sont venues le concurrencer : le pacte civil de solidarité a fait son apparition en 1999 et le concubinage est aujourd'hui défini par la loi. On préfère parler de « droit du couple »[187] observant cependant que ce couple peut-être désormais formé de personnes de même sexe[188] : les expressions « mari et femme » ont été chassées du code civil au profit de la notion neutre « d'époux » ou de « partenaires ». D'ailleurs le changement de sexe est autorisé par le

---

[187] Xavier Labbee « *Le droit commun du couple* » Septentrion 2012 ; d'autres auteurs parlent de « droit des couples ».

[188] Article 143 C. civ « *Le mariage est contracté par deux personnes de sexe différent ou de même sexe* » Article 515-1 C. civ « *Un pacte civil de solidarité est un contrat conclu par deux personnes physiques majeures, de sexe différent ou de même sexe, pour organiser leur vie commune* » Article 515-8 C. civ « *Le concubinage est une union de fait... entre deux personnes de sexe différent ou de même sexe, qui mènent une vie de couple* »

droit et ne nécessite plus d'opération chirurgicale.[189] Le simple apport de la preuve que la mention du sexe figurant dans l'acte de l'état civil ne correspond pas à la réalité suffit désormais. C'est en fait la preuve par la possession d'état. On se dit que le sexe n'est peut-être plus un élément de l'état des personnes. Le post-humain sera-t-il asexué ?

Quant au droit de la filiation, il paraît aujourd'hui dominé par la seule volonté individuelle. On parle de « mère d'intention » et de « mère porteuse ». La procréation médicalement assistée a définitivement abaissé l'embryon humain et les gamètes au rang de matériel génétique et il n'est pas impossible que dans un avenir proche, on puisse obtenir un enfant par la voie de l'ectogénèse, c'est-à-dire de l'utérus artificiel. C'est bientôt la machine qui accouchera d'un enfant[190]. Après s'être inquiété du sort de l'homme qui devient mère de famille[191], les juristes réfléchissent à ce que pourrait être la filiation de l'enfant issu d'un tel procédé[192]. Le post-humain, être asexué, sera-t-il fabriqué en machine à l'aide de produits congelés ?

Au nom de l'égalité, le droit des personnes et de la famille ne voit plus de différence entre l'homme et la femme ; le changement de sexe est facilité par le droit ; la famille n'est plus qu'un groupe d'êtres appartenant au genre humain, totalement indifférenciés, et simplement liées par un lien de volonté plus ou moins précaire. Et c'est tout. Et l'être humain paraît se fabri-

---

[189] Article 61-5 C. civ : «*Toute personne majeure ou mineure émancipée qui démontre par une réunion suffisante de faits que la mention relative à son sexe dans les actes de l'état civil ne correspond pas à celui dans lequel elle se présente et dans lequel elle est connue, peut en obtenir la modification* » Article 61-6 C. civ : «... *Le fait de ne pas avoir subi de traitements médicaux une opération chirurgicale ou une stérilisation, ne peut motiver le refus de faire droit à la demande* ».

[190] Laurence Brunet «*Variations spéculatives autour de la liberté procréative des femmes : l'hypothèse de l'ectogénèse* » in Delage (dir) « Science-fiction et science juridique » p 43 et suiv. Jean Yves Nau « *L'utérus artificiel : c'est pour demain !* » 13 Mai 2017 Slate.fr

[191] Xavier Labbée « *L'homme qui était mère de famille* » Mélanges Seuvic P U Nancy « *L'homme qui a accouché d'un enfant* » Recueil Dalloz n° 20, 31 Mai 2018.

[192] Philippe Descamps *L'utérus, la technique et l'amour. L'enfant de l'ectogénèse* Paris PUF 2008, p 116

quer sur commande. En une cinquantaine d'années, le visage de la famille a totalement changé. Une importante révolution a donc été opérée au sein même du droit des personnes.

Mais parallèlement à ce mouvement qui ne différencie plus les êtres, on observe un mouvement de confusion qui s'opère entre le droit des personnes et celui des biens. Il est vrai que la différenciation de la nature juridique des droits exercés sur les personnes (droits personnels ou droits de créance) et des droits exercés sur les choses (droits réels) a été remise en cause en doctrine. Elle ne serait pas absolue : Serge Ginossar[193] a, le premier, démontré dans sa thèse déjà ancienne, que l'on n'est pas créancier ou propriétaire, mais plutôt « propriétaire de droits réels » et « propriétaire de droits de créances »... et qu'au fond, le droit des obligations pourrait être analysé sous le prisme de la propriété et du droit des biens. On peut céder la propriété d'un immeuble comme on cède une créance. L'analyse - autrefois controversée - aurait été avalisée par le conseil constitutionnel[194]. La distinction existant entre les droits réels et les droits personnels serait en fait toute relative.

On peut facilement approfondir la réflexion de façon spéciale en droit des personnes et de la famille et constater que les notions de propriété et de parenté se rapprochent aujourd'hui irrésistiblement[195] alors qu'on les croit fondamentalement opposées.

Ainsi, les « *différentes manières dont on acquiert la propriété* » sont définies au livre III du code civil, tandis que les règles relatives au droit de la filiation sont contenues au titre VII du livre premier et sont quantitativement plus modestes. En apparence, tout semble les distinguer et les séparer. Pourtant on ne peut que constater que les modes d'acquisition de la parenté et de la propriété – qu'on pourrait imaginer totalement différents – obéissent maintenant à des règles logiques finalement identiques. On pourrait très facilement dégager un régime uni-

---

[193] Ginossar *Droit réel propriété et créance* LGDJ 1960, 213 p.

[194] Thierry Revet *La consécration de la propriété des créances par le conseil constitutionnel* RTD Civ. 2010, p 514

[195] Xavier Labbee *Le droit commun de la propriété et de la parenté* Gazette du Palais N°23 du 23 Juin 2020.

forme. Le constat est peut-être audacieux, mais il est troublant car il confirme qu'insidieusement la confusion des notions est bien en cours de réalisation. Nous l'avons observé[196] en tentant de dégager un « *droit commun de la propriété et de la parenté* » sur quatre plans :

a) D'abord, la propriété et la parenté peuvent s'acquérir par prescription, c'est-à-dire par l'effet du temps qui passe : la possession (dans le premier cas) et la possession d'état (dans le second) permettent à celui qui se comporte en propriétaire ou en parent d'accéder à la qualité recherchée. L'*animus domini* sur la chose ou le *tractatus* envers la personne révèlent en fait une même intention et un même comportement. Cela est si vrai que les qualités que doit revêtir la possession d'état pour être efficace sont les mêmes que celles que doit avoir la possession qui doit être continue, paisible, publique et non équivoque : il est assez facile de comparer les articles 311-2 et 2261 du code civil car les mots employés sont identiques. Et les problèmes posés sont les mêmes : le père divorcé qui voit son enfant le week-end chez sa mère et son nouveau conjoint ne peut-il être comparé au possesseur *corpore alieno* ? Et qu'en est-il du délai ? Faut-il, pour acquérir un état par prescription, justifier d'une durée précise de possession d'état (comme en matière de possession immobilière où il est question de dix années) ? Va-t-on au contraire, dire que « *la possession d'état vaut titre* » comme en matière mobilière ? La réponse semble actuellement intermédiaire : la possession d'état conforme au titre est inattaquable au bout de cinq années de conformité au titre (art 333 c. civ) On peut donc la contester tant que le délai n'est pas acquis. Mais on dispose d'un délai de dix ans pour la faire constater (art 334 c. civ) quand elle n'est pas conforme au titre. Finalement, sur la question de la durée de prescription, la possession d'état se situerait à mi-chemin entre la possession des meubles et des immeubles.

Alors pourquoi ne pas parler d'un droit commun puisque les principes sont les mêmes ? Rappelons simplement que

[196] Xavier Labbee *Le droit commun de la propriété et de la parenté* Gazette du Palais N°23 23 Juin 2020

l'avènement de la possession d'état comme mode d'acquisition de la filiation, qui avait été suggéré depuis longtemps par Demolombe, est relativement récent puisqu'il résulte d'une loi votée en 1982 (ancien article 334-8 c. civ). Apparaît également une nouveauté, révélatrice de l'unification, consécutive au phénomène de déjudiciarisation à marche forcée que nous connaissons : c'est désormais le notaire (dont la fonction habituelle touche le droit patrimonial) qui se voit apte à délivrer le certificat de notoriété qui permet au client qui le lui demande (parce qu'il est dénué de filiation) de pouvoir enfin en avoir une... Et de pouvoir – pourquoi pas ? – recueillir par la même occasion la succession que le même notaire est chargé de liquider. C'est le même officier public qui règle les questions de personne et de patrimoine ! Il suffit donc de se présenter chez lui avec trois témoins, conformément à l'article 317 du code civil pour obtenir le dit certificat... et récolter les biens du défunt ! Alors ? Et pourquoi, dans le domaine immobilier, les notaires ne délivrent-ils pas de certificats de possession aux clients qui justifient d'une usucapion, à l'heure où certains s'accordent à dire que les juges détesteraient le droit civil (et le droit des biens en particulier) et que la fonction judiciaire devrait être réservée au domaine pénal ?

b) Ensuite, nous observons que la propriété et la parenté peuvent s'acquérir par convention[197]. On peut acquérir un droit réel par convention. La chose ne mérite guère de commentaires. Mais on peut également devenir parent par convention. Le droit de l'adoption nous le rappelle. Et cela est si vrai qu'on a même parlé en doctrine « *d'enfant conventionnel*[198]». Le droit de la PMA le souligne encore plus nettement car le consentement donné à la procréation médicalement assistée crée, de façon définitive, le lien de parenté sur l'enfant qui peut être pourtant biologiquement étranger aux cocontractants. La contractualisation du droit de la filiation est désormais réalisée par une opération de pur droit privé qui s'effectue ici encore, devant le

---

[197] Xavier Labbee « *Le droit commun de la parenté et de la propriété* » La Gazette du Palais précité

[198] Jean Hauser « *Un nouveau-né : l'enfant conventionnel* » Dalloz 1996, Chron. p182

notaire (qui devient l'homme à tout faire du droit des personnes et des biens) et toujours en dehors du tribunal. Et on peut d'ailleurs observer que dans toutes les filiations, on peut démembrer conventionnellement la parenté comme on peut conventionnellement démembrer la propriété. On peut ainsi déléguer l'autorité parentale (conséquence de la parenté établie) à un tiers en fonction de règles qui rappellent la technique de la délégation contractuelle et qui aboutissent in fine à morceler le droit de la parenté (un peu comme on distingue la nue-propriété de l'usufruit en droit des biens...)

c) La propriété peut encore s'acquérir par occupation : la chose mobilière abandonnée appartient au premier occupant. La parenté peut de son côté aussi s'acquérir par l'adoption de l'enfant abandonné. Il y a certes des différences entre les deux situations : un enfant n'est adoptable qu'à partir du moment où une déclaration judiciaire de délaissement a été dressée. Il n'y a en revanche pas de déclaration d'abandon pour les choses mobilières : d'où une incertitude sur la licéité de l'occupation et la volonté réelle du propriétaire d'abandonner sa chose. S'approprier un bien qui n'est pas qualifiable de *res derelicta* est un vol. Mais il demeure fondamentalement qu'un lien de parenté ou de propriété peut être créé en faveur de la première personne qui se présente et qui souhaite créer un lien sur la personne ou sur la chose qui s'en trouve privée[199].

d) La propriété et la parenté sont enfin opposables à tous. La chose est dite à l'article 320 pour la filiation « *tant qu'elle n'a pas été contestée en justice la filiation légalement établie fait obstacle à l'établissement d'une autre filiation qui la contredirait* ». On ne peut pas reconnaître un enfant qui a déjà une filiation établie selon la loi. Il faut préalablement contester le lien de filiation avant d'en établir un autre. Le droit de propriété est défini quant à lui comme un droit absolu et exclusif opposable à tous : ce caractère empêche d'autres personnes de s'emparer de l'objet du propriétaire ou même simplement d'empiéter sur sa propriété.

---

[199] Xavier Labbee « *Le droit commun de la propriété et de la parenté* » Gazette du Palais N°23, 23 Juin 2020

Les modes d'acquisition de la propriété et de la parenté se rejoignent et tendent à s'uniformiser. La chose ne serait pas gênante si les personnes et les choses ne tendaient pas à se confondre. Mais la confusion tend aujourd'hui à se réaliser et c'est la raison pour laquelle la détermination d'un droit commun de la parenté et de la propriété ne ressort peut-être pas du seul exercice intellectuel... C'est un indice important révélant en fait la confusion en marche.

C'est dans ce contexte où règne déjà le désordre issu de la tentation de confondre les genres, qu'arrive sur la scène juridique l'humanoïde qui ne peut laisser le juriste indifférent... par ce qu'il va peut-être porter le coup de grâce à la distinction des personnes et des choses.

§ 4. La qualification de l'humanoïde, entré sur la scène juridique

L'arrivée du robot humanoïde[200] brouille encore plus profondément les pistes. Sa définition paraît aujourd'hui aisée. Qu'est-ce qu'un robot ? Et qu'est-ce qu'un robot humanoïde ?

On connait depuis longtemps le robot doté d'une intelligence faible[201]. Nous passons tous les jours des actes juridiques par son intermédiaire sans ressentir d'angoisse particulière : comme on l'a déjà dit à titre d'exemple, la pompe à essence qui parle, prend la commande et rend la monnaie en souhaitant « bonne route », n'est pourtant qu'un instrument par lequel on traite une opération avec le commerçant qui en est propriétaire. Le robot

---

[200] Xavier Labbee « *Le robot humanoïde face au droit* » in colloque « Transhumanisme : questions éthiques et enjeux juridiques » (sous la direction d'Yvonne Flour et Pierre Louis Boyer) p 165 et suiv.

[201] Sur la distinction entre l'intelligence forte et l'intelligence faible : Anne Cagan, « IA faible et IA forte : où en est–on au fait ? » www.journaldugeek.com H.Gardner *Les formes de l'intelligence* Odile Jacob 1997 ; J-G Ganascia « *Nous passerons bientôt de l'intelligence artificielle faible à l'intelligence artificielle forte* » in *Intelligence artificielle Vers une domination programmée.* Le Cavalier bleu 2017, pp 59 65. G. Julia « *l'illusion de l'intelligence artificielle* » in Depadt, Guével (dir) Lex robotica, Le droit à l'épreuve de la robotique France 2018, p 79

n'est qu'une machine utile destinée à nous aider[202]. Et il ne vient à l'idée de personne d'épouser une pompe à essence.

La venue du robot autonome doté d'une intelligence forte, qui parle plusieurs langues, peut bâtir un raisonnement et ressentir des sensations, est beaucoup plus troublante. Et si ce robot a une forme humaine et accomplit de surcroit des prouesses sexuelles... alors l'illusion est totale. L'humanoïde n'est pas qu'un simple roseau pensant !

Nous avons souvent évoqué[203] l'exemple de la femme robot humanoïde, dotée d'une intelligence forte qui la rend quasiment autonome, parce qu'elle est réellement apparue sur la scène juridique. Elle a non seulement un aspect humain... mais elle est encore plus belle et plus intelligente que son homologue humain qu'elle dépasse. Elle ne vieillit pas. Ses connaissances sont infinies.... Et on peut la mettre au placard quand on ne veut plus le voir. N'est-ce pas là l'idéal ?

La presse nous raconte que c'est en Chine que seraient venues au monde ces premières femmes-humanoïdes qui sont totalement fascinantes. Les revues scientifiques nous ont ainsi présenté Jia Jia[204] « *la femme robot ultra réaliste, capable de tenir d'une voix suave une conversation simple, d'effectuer quelques mimiques. Elle donne sans erreur la météo du jour, bavarde avec aisance avec son interlocuteur dont elle peut identifier le sexe, masculin ou féminin. Elle complimente un visiteur en lui disant qu'il est charmant. Mais assure « préférer rester célibataire » quand on lui pose la question* ».

Mais Jia Jia n'est plus la seule femme humanoïde sur la scène juridique. Elle n'est plus non plus un prototype expérimental. Au Japon d'autres robots, ultra réalistes[205], ont déjà des

---

[202] Moulinex libère la femme ! Ce slogan était en vigueur dans les années 1960. Il a été depuis lors de nombreuses fois commenté en raison de l'image de la femme qu'il véhicule.

[203] Xavier Labbée *« Le robot humanoïde face au droit » In « Transhumanisme : questions éthiques et enjeux juridiques »* (dir. Yvonne Flour et Pierre Louis Boyer) p 165 et suiv. Académie catholique de France.

[204] Jia Jia « *La première androïde chinoise* » wwwfutura-sciences.com 21 Avril 2016 et l'article de Marc Zaffagni « *Cette femme est un robot* »

[205] À l'image de Sophia de la société Hanson Robotics : (Le journal du Geek 21 Mars 2016) « *Sophia est capable d'expressions naturelles. Elle a des*

fonctions dans la société, par exemple comme gardiens de musées[206]. Un robot humanoïde aurait même donné la réplique à un acteur sur la scène du théâtre national[207]. En France, les robots humanoïdes servent déjà de personnel d'accompagnement dans les maisons de retraite[208] sans que l'on se pose trop de questions

---

caméras dans les yeux et possède des algorithmes qui lui permettent de voir les visages. Elle peut aussi comprendre les dialogues et se souvenir des interactions de votre facies. Cela lui permettra de devenir intelligente avec le temps. Notre but et de la rendre aussi consciente, créative et capable que n'importe quel humain. La machine est équipée d'un character engine AL, un moteur de personnalité. L'objectif de David Hanson est de faire en sorte que les humains puissent entretenir des relations émotionnelles plus fortes avec ce genre de robots. Il pense que plus tard, il sera très difficile de distinguer les humains des robots ».

[206] « *Au musée des sciences émergentes de Tokyo, un couple de de robots humanoïdes accueillent les visiteurs, leur lit les dernières nouvelles et les guide »... « Leurs visages ont été moulés sur de vrais humains, puis découpés dans une silicone spéciale qui imite la texture et l'élasticité de la peau. Sous la surface, les muscles artificiels servent à imiter les expressions faciales humaines, leurs regards et expression sont saisissants de vérité et de réalisme. Kodomoroid peut lire à voix haute les informations du monde entier qui lui sont fournies sous forme textuelle, en plusieurs langues, peut lire aux visiteurs les nouvelles du jour et réciter quelques exercices de diction à une vitesse impressionnante. Otonaroid se concentre de son coté sur son nouveau poste de vulgarisatrice scientifique....* » Sources 20 Minutes.fr 25.06.2014

[207] Julia Inventar 24.05.2019 franceinfo.fr « *Aujourd'hui, utilisés aux quatre coins du monde, leurs déclinaisons sont multiples et leurs capacités de plus en plus puissantes : garde-malades et assistants personnels comme le français CUTII, robots capables de conduire une voiture et de manier des armes, comme le Russe Fedo, robot bricoleur comme le Français Pyrene, robot chien comme le japonais Aibo, robots sexuels ou encore robot artiste capable de peindre portraits et natures mortes. Le robot français Nao est le plus polyvalent d'entre eux. Il participe chaque année à la Robocup, coupe du monde de football robotique mise en place en 1996. Il est aussi le premier robot à avoir été reçu par François Hollande en 2013 à l'Elysée* ».

[208] V° Par exemple Pierre Bienvault « *Les robots humanoïdes dans les EHPAD soulèvent des questions éthiques* » La Croix 1er février 2019 « ... *On utilise Zora pour aller à la rencontre des résidents, créer du lien. Le robot leur demande comment ils vont, ce qu'ils ont fait dans la semaine. Et on est surpris de voir que parfois, les personnes lui racontent ce qu'elles ne disent pas à nous » explique Rachel, animatrice à l'Ehpad* »... Tout est dit ! V° R. Gélin « *Robots compagnons* » in Depadt, Guevel (dir) op.cit. pp 19 à 32

d'éthique[209]. L'épidémie du coronavirus les aurait rendus indispensables[210].

Et ce qui devait arriver inexorablement arriva... Paris Match[211] a annoncé à ses lecteurs, courant 2017 la venue sur la scène juridique du robot sexuel Roxxy 1,73 m, 54 kilos, bonnet 95 C, capable de discerner les goûts de son partenaire et de deviner ce qui lui fait plaisir sexuellement ou non. Nous allons nous attarder sur ce robot en particulier, tout simplement parce qu'il touche l'individu en ce qu'il a de plus intime. Et parce que sa venue a suscité des questionnements.

Sur le plan esthétique, il a été écrit que l'amateur a de quoi être déçu car sa physionomie évoquerait celle d'une « *Adjani défraichie* »[212] Mais sur le plan des performances, il semblerait que ce soit autre chose ! Roxxy peut en effet, selon la notice décrivant son mode d'emploi, « *avoir des orgasmes* ». Son concepteur l'aurait affirmé sans rire aux journalistes : « *C'est une vraie compagne. Elle a une personnalité. Elle vous entend et vous écoute. Elle parle. Elle sent quand on la touche. Elle dort. Bref on a essayé de reproduire tous les traits d'une personnalité humaine* ». Roxxy a d'ailleurs plusieurs personnalités. Tout dépend de ce que recherche l'amateur, qui peut choisir entre Roxxy-Wendy « *au caractère aventureux et extraverti* », Roxxy Frigid Farrah « *au caractère réservé et timide* », Roxxy Martha « *au charme matriarcal* », Roxxy Susa « *la dominatrice* »[213]. Et en plus, elle ne coûterait que 6300 euros, ce qui paraît peu. Au vu du prix moyen des relations tarifées, le robot peut-être vite amorti. Parlera-t-on de concurrence déloyale dans le monde de la prostitution ? Verra-t-

---

[209] V° Nathalie Nevejans « *La robotisation de l'homme au regard du droit* » JIB 2018 3-4 vol 29

[210] « *Coronavirus : des robots humanoïdes mis à la disposition des maisons de retraite du Nord pendant le confinement* » France Info 31 Mars 2020

[211] Roxxy, le premier robot sexuel du monde. Paris Match 13 Avril 2017 Charlotte Anfray et Thierry Carpentier « *Les robots sexuels arrivent* » wwwparismatch.com

[212] Philippe Berry « *Le robot sexuel pas prêt de remplacer les filles* » 20 Minutes 13 janvier 2010 « *Roxxxy un sextoy de luxe* » 20 Minutes 11.01.2010

[213] « *Roxxxy la poupée robot sexuel qui sait aussi vous écouter* » 11 Janvier 2010 *lorientlejour.com*

on poindre une « class-action » menée par l'association des escort-girls ?

Mais le succès de Roxxy a été tel que de nouveaux modèles ont dû être créés à destination d'une clientèle spécifique... Et l'on a vu débarquer en juillet 2017 sur la scène juridique, le robot Roxxy capable de résister à son partenaire mais qui finit, vaincu, par se faire violer... suivi du robot féminin qui semble ne pas avoir dix-huit ans. C'est au fond le robot « *version pédophile* ». Ces nouveaux modèles auraient (quand même) provoqué un tollé en Amérique et ailleurs[214] et la société créatrice a été sommée de s'expliquer[215]. Mais après un tapage médiatico-publicitaire, les choses semblent en être restées là.

Un autre robot sexuel polyvalent, nommé Samantha[216], a fait son entrée en Grande Bretagne. Il comporte un double programme « sexy » et « famille ». Samantha ferait l'amour et la vaisselle en fonction du programme choisi[217]. Et peut-être fait-elle les deux choses en même temps quand elle se détraque. Son créateur affirme qu'en 2025, le marché sera inondé de robots sexuels... parce que ce robot sera indispensable et présent dans tous les foyers.

Mais les questions charnelles n'excluent en rien celles qui touchent au spirituel : dans un autre domaine, le robot humanoïde Sophia a été présenté aux autorités saoudiennes qui lui ont accordé à titre symbolique, et après la conférence publique qu'il a donné, la nationalité saoudienne : ce serait - dit-on - la seule « *femme* » qui ne porterait pas le voile dans le pays. Quel curieux message pour la cause féministe ! La femme robot est-elle l'avenir de la femme ?

---

214 V° par exemple « *Polémique sur un robot sexuel prêt à être violé* » 21 Juillet 2017 Leparisien. fr

215 Huffington post 21 juillet 2017 « *Accusée d'avoir programmé un robot sexuel pour être violé, la société Truecompanion répond à la polémique* ») ; Xavier Labbee « *Le robot sexuel le viol et la pédophilie* » La gazette du palais n°32 26 Septembre 2017 p 14

216 « *Le robot sexuel Samantha devient un produit de masse en Europe* » V° wwwsciencespost.fr

217 « *Voici Samantha le robot qui dispose d'un point G* » sciencepost.fr V° Xavier Labbee « *Le robot humanoïde face au droit* » in Transhumanisme : questions éthiques et enjeux juridiques. Op. cit p 165 et suiv.

Que dire de tout ceci ?

Un robot (fut-il humanoïde) n'est - pour l'instant du moins - qu'une chose mobilière soumise au droit des biens. Il n'est donc pas soumis au droit civil ou pénal des personnes. On peut donc décrire facilement sa condition juridique en appliquant les principes fondés sur la distinction des personnes et des choses, et que nous avons développés en introduction[218] :

Pénalement, il ne peut donc pas être auteur ou victime d'une infraction. Ce qui pourrait paraître intéressant aux yeux de certains... En effet, celui qui porte atteinte, d'une manière ou d'une autre, à une femme robot ne peut être coupable de viol, de meurtre, de violences volontaires, de harcèlement ou d'outrage[219]. Les pénalistes parleraient justement d'infraction impossible[220]. Et donc... l'individu peut impunément se déchaîner sur le robot dont il est propriétaire sans craindre de sanction. Il ne risque rien ! On ne peut effet appliquer le droit pénal des personnes lorsque l'on parle d'une chose. Et puis, reprenant l'exemple du robot « version pédophile », on pourrait se dire que, dans le cadre d'une politique pénale, il vaut mieux pour la société qu'un malade se dépense sur un robot plutôt que sur une victime véritable. Alors de quoi se plaint-on ?

D'autant que, sur le terrain civil, il n'est pas interdit, en France, d'acheter un sextoy. Il y a une cinquantaine d'années, le commerce de tels objets était jugé contraire à l'ordre public et aux bonnes mœurs. On ne pouvait les acquérir que dans des établissements spécialisés, parfois fermés pour raisons administratives... Mais les choses ont beaucoup changé et aujourd'hui, ces accessoires ont envahi le commerce de grande distribution et bénéficient même du marquage CE. On peut

---

[218] V° pages 29 et suiv. V° également Xavier Labbee « *Le robot sexuel, le viol et la pédophilie* » Gazette du Palais N° 32 26 Septembre 2017

[219] Rapprocher Xavier Labbee « *le radar outragé* » La gazette du palais précité

[220] « On ne peut pas tuer un cadavre » (mais on est coupable de violation de sépulture et de cadavre). Sur l'infraction impossible : Bernard, Note sur le crime impossible, RPDP 1902 p 1006 ; Besson *Le délit impossible* RDLJ 1929 p 332 ; Bonnifacy, De la tentative des infractions impossibles J.P 1902 1. 113 ; Alain Prothais, Tentative et attentat, LGDJ 1985

acheter un sextoy à Monoprix[221] ou chez Darty. Pourquoi ne pourrait-on acheter un robot sexuel puisqu'il s'agit d'une chose ? On peut de toute façon acheter Roxxy par la grâce d'Internet directement auprès de la société américaine qui en assure la livraison[222] Pourquoi ne pas vouloir un sextoy en forme de femme ? Si la femme robot est plus belle et plus docile qu'une femme, et que sa fréquentation ne peut causer aucun ennui... pourquoi se priver de sa compagnie ?

Car le robot n'est qu'une chose qu'on peut acheter mais qu'on ne peut sûrement pas épouser. Il faut faire application du droit des biens si l'on veut le définir. En conséquence, tromper son conjoint avec une femme robot n'est pas un adultère. Il ne peut y avoir de lien de parenté ou d'alliance entre un homme et une femme robot, qui ne peut être mère ou fille, tante ou nièce. Il ne peut y avoir qu'un lien de droit réel. Et si un robot peut faire l'objet d'un contrat d'entretien proposé par l'entreprise qui l'a conçu, il ne saurait être créancier d'aliments. Enfin, on peut être responsable du dommage causé par un robot, sur le terrain de la responsabilité du fait des choses dont on a la garde... mais sûrement pas sur le terrain de la responsabilité du fait d'autrui. On ne mélange pas les genres.

Mais il faut croire que les choses ne sont pas si simples : des associations féministes ont réagi face à l'arrivée troublante du robot Roxxy sans que l'on comprenne vraiment pourquoi ce serait plus la femme que l'homme qui serait visée par l'entrée du robot sexuel sur la scène juridique. Le robot sexuel masculin, doté d'un sexe télescopique (!) existe d'ailleurs[223].

Il a été dit que la venue du robot Roxxy aurait pour effet d'abaisser la vraie femme au rang de chose et qu'il ne serait pas normal qu'un homme puisse préférer un robot à une femme[224]. Un autre discours plus embarrassant a été également tenu, qui

---

[221] Par ex : Virginie 30 Avril 2015 « *Monoprix vend désormais des sextoys* ! » madmoiZelle.com

[222] V° Xavier Labbee « *Le robot mari libère la femme* » Gaz. Pal 7 Mars 2017.

[223] « *Henry, le premier robot sexuel masculin* », est disponible pour 11 000 dollars. Il ne tombe jamais en panne. Cosmopolitan.fr

[224] Yves Eudes « *Les robots sexuels ou la dérive des love dolls* » Le Monde 14 octobre 2016 wwwlemonde.fr

consiste à dire que celui qui frappe une femme robot doit être puni pour violence (et non pas pour atteinte à la propriété) car en accomplissant son acte sur une femme robot, il porterait en fait atteinte à l'image de la femme : ce discours nous semble plus dangereux encore, car il revient à dire qu'une chose peut représenter une personne. Comment la communauté féminine pourrait-elle être valablement représentée par un humanoïde ? En réalité, n'est-ce pas l'humanité toute entière qui est concernée par le problème ?

Le propos ne traduit-il pas que la confusion juridique des personnes et des choses est bien en train de se réaliser... et qu'elle est inévitable ? Et d'ailleurs, on parle aujourd'hui très sérieusement « d'épouser »[225] (et non d'acheter) une femme robot[226]. Une française aurait d'ailleurs manifesté un tel désir[227]. Et le « dictionnaire du futur » qualifie l'opération de « botamourer »[228] créant ainsi un nouveau mot.

Dans la littérature juridique américaine[229], on peut lire que le mariage avec un robot sera possible en 2050 et beaucoup s'inquiètent aujourd'hui de « l'anthropomorphisation des robots » : *« donner un surnom à son assistant vocal ou à un robot et utiliser des formules de politesse sont déjà des comportements fréquents qu'il faudrait pourtant oublier tant*

---

225 Xavier Labbee « *Epouser une femme robot* » Gazette du Palais 18 Décembre 2014

226 C.H « *Un chinois s'est marié avec son robot humanoïde* » Paris Match 4 Avril 2017

227 Cela devait arriver : « *Une française identifiée sous le pseudonyme twitter@LillyinMoovator atteste « porter de l'amour à inMoovator, un robot humanoïde qu'elle a elle-même construit à partir d'une imprimante 3D et de fichiers open-source obtenus auprès d'une société française de robotique. Elle explique avoir de l'attirance pour la vie synthétique depuis l'âge de 19 ans » et explique vouloir se marier avec sa création. La presse a relayé l'information (sciencepost.fr « robotsexualité : cette française veut épouser son robot* » huffington.post.fr « *Le sexe avec un robot, cela pourrait commencer dès 2017* » « *Lilly, pionnière robosexuelle : que du bonheur* » msn.com)

228 Anne Caroline Paucot, « écrivaine prospectiviste » propose ce néologisme dans son dictionnaire du futur (le Robert du turfu) https/usbeketrika.com

229 David Levy *Love and sex with robots* 2007

l'anthropomorphisation est un risque »[230] ; en France, la question de l'application du droit des personnes ou des biens s'est posée de façon très concrète et très crue : une maison de location de poupées sexuelles, où l'on peut passer un petit moment moyennant un droit d'entrée, est-elle une maison de prostitution (où l'on rencontre des personnes qui se prostituent) ou une simple maison de jeux comparable à un établissement mettant à disposition de ses clients des flippers ou des juke-boxes[231] ? Il est important de savoir de quoi l'on parle et c'est toujours de la distinction des personnes et des choses qu'il s'agit ! C'est semble-t-il la seconde solution qui aurait - pour l'instant - été adoptée par le conseil municipal de Paris, saisi du problème. Le partenaire d'une femme robot prostituée n'encourt donc pas de contravention à la différence du client de la prostituée. Est-ce bien satisfaisant pour l'esprit ? Les robots sont-ils nos ennemis[232] ?

Dans un registre voisin, certains parlent en droit du travail de la nécessité « *d'embaucher* » des robots et non plus de les « *acheter* » ou de les « *louer* »[233]. L'intrusion du robot dans l'entreprise constituerait une menace réelle pour le personnel salarié[234] parce qu'une chose ne peut évidemment pas être salariée et qu'elle coûte de ce fait beaucoup moins cher... Parlerait-on de concurrence déloyale ? Mais l'inquiétude ne s'arrête pas là car il arrive parfois que l'entretien d'embauche[235] d'un salarié soit aujourd'hui directement mené par le robot. Les rôles sont alors inversés ! Au point que certains craignent de voir le salarié

---

[230] Valentin Blanchot « *Anthropomorphisation des robots* » 11 Avril 2019, siecledigital.fr

[231] Xavier Labbee « *Le robot sexuel, le viol et la pédophilie* » Gaz Pal, 26 09 2017

[232] Delphine Iweins « *Les robots sont-ils nos ennemis* » Gazette du Palais 28 Juin 2016

[233] V° Joseph Thouvenet « *Transhumanisme et droit du travail* » in colloque « *Transhumanisme : question éthiques et enjeux juridiques* » (dir PL Boyer)

[234] « *Un robot fera bientôt mon travail* » peut-on entendre de salariés employés dans une usine ou dans un cabinet d'avocat » 29 Avril 2019 zdnet.fr

[235] Vera, *le robot recruteur dans les grands groupes* Le figaro 4 Avril 2018

devenir l'assistant du robot[236] : c'est finalement de la crainte de l'inversion de la règle « *accessorium sequitur principale* » qu'il s'agit...

C'est dans ce contexte que, plus profondément, des projets ont été déposés visant à accorder la personnalité juridique aux robots.[237] Des analyses[238] et même des thèses commencent à fleurir sur la question[239]. Dans une résolution adoptée le 16 Février 2017, le parlement européen appelait la commission à proposer des règles sur la robotique et l'intelligence artificielle, suggérant la création à terme « *d'une personnalité juridique spécifique aux robots, pour qu'au moins les robots autonomes les plus sophistiques*[240] *puissent être considérées comme des*

---

[236] Marc Eric Beaubillier Chaumon « *Eviter que le salarié devienne un assistant : comment travailler avec un robot ?* » 08.05.2018 usinenouvelle.com « *mon pote ce robot* » 03.07.2017 usine nouvelle.com

[237] Alain et Jeremy Bensoussan, Droit des robots, collection Lexing technologies Editions Larcier. V° Mélanie Messager, La responsabilité et l'intelligence artificielle, Mémoire Master Lille juin 2021

[238] Bouteille Brignant « *Intelligence artificielle et droit : entre tentation d'une personne juridique du troisième type et avènement d'un transjuridisme* » LPA 2018 N°62 page 7 Bensoussan « *Plaidoyer pour un droit des robots : de la personne morale à la « personne robot* ». La lettre des juristes d'affaires 2013 N° 1134 « *La personne robot* » Dalloz 2017 2044. Xavier Bioy *Vers un statut juridique des androïdes* Journal international de bioéthique 2013 pp. 85 à 98. T.Daups *Le robot, bien ou personne ? Un enjeu de civilisation ?* Petites affiches mai 2017 N° 094 p.7

[239] Guegan «*L'élévation des robots à la vie juridique* » Thèse Toulouse 1 Avril 2016 ; Serge Slama « *Les robots androïdes : de quels droits fondamentaux* ? » 2019 Colloque de la RDLF

[240] Ettackchi Mohamed « Le robot susceptible de bénéficier de ces attributions a été identifié dans la résolution par la détermination de ses caractéristiques, qui permettra la conception d'une définition commune par le droit de l'union européenne. Les caractéristiques retenues sont les suivantes : « L'acquisition d'autonomie grâce à des capteurs et/ou l'échange de données avec l'environnement (inter connectivité) » soit par « l'échange et analyse de données ». Ensuite le critère de la capacité d'auto-apprentissage (critère facultatif). Ils précisent la nécessité de la « présence d'une enveloppe physique, même réduite » ce qui vient mettre un terme au possible octroi d'une personnalité juridique à une intelligence artificielle immatérielle. Enfin, la « capacité d'adaptation du comportement et des actes à l'environnement, non vivant au sens biologique du terme » (in « *le droit de la responsabilité à l'épreuve du robot humanoïde* » (mémoire master Lille 2020).

personnes électroniques responsables de réparer tout dommage causé à un tiers ». Le texte constate qu'il existe des robots autonomes « *capables de prendre des décisions et de les mettre en pratique dans le monde extérieur, indépendamment de tout contrôle ou influence extérieurs... Plus un robot est autonome, moins il peut être considéré comme un simple outil contrôlé par d'autres acteurs* » D'où l'idée d'en faire un être responsable, tant en matière délictuelle que contractuelle[241].

Le texte de la résolution, faisant un rappel exprès des lois d'Asimov[242], dont on ne parlait jusqu'à présent que dans les romans de science-fiction, est intéressant car il traduit finalement la confusion des genres : le robot sophistiqué disposerait d'une réelle personnalité juridique (qualifiée parfois de « *personnalité électronique* ») et serait titulaire d'un certain nombre de droits réunis en un patrimoine (sauf semble-t-il du droit de vote). Il serait responsable des dommages qu'il serait susceptible de causer à autrui... et qu'il serait tenu de réparer sur son patrimoine[243]. Mais il aurait toujours « un propriétaire » qui

---

[241] « Considérant que les lacunes du cadre juridique actuellement en vigueur sont patentes dans le domaine de la responsabilité contractuelle, étant donné que l'existence de machines conçues pour choisir un co-contractant, négocier des clauses contractuelles, conclure un contrat et décider quand et comment appliquer le dit contrat, rend les règles actuelles inapplicables ; considérant que cela souligne la nécessité de mettre au point de nouvelles règles, efficaces et actualisées, adaptées aux évolutions technologiques... » Rapprocher : Jérôme Kuhlmann *Voiture robot, de l'assurance de personne à l'assurance de responsabilité* Revue Générale de droit des assurances 1er Novembre 2018 ; A. Mendoza-Caminade : « *le robot pourrait être civilement et pénalement responsable de ses actes* » in « *Le droit confronté à l'intelligence artificielle des robots : vers l'émergence de nouveaux concepts juridiques ?* » D. 2016 p 445 ; A. Bensoussan « *le temps est venu de créer un droit des robots les dotant d'une personnalité juridique et d'une entité juridique* » JCP G 2016 N° 51, 1403. Alain et Jeremy Bensoussan proposent même de créer une « charte des droits des robots » in « Droits des robots » Minilex Belgique Lancier 2015 p 8.

[242] « Considérant qu'il y a lieu de considérer les lois d'Asimov comme s'appliquant aux concepteurs, aux fabricants et aux opérateurs.... »

[243] Il aurait été proposé, dans la thèse de Guillaume Guegan, la création d'une échelle de responsabilité à l'image de celle consacré au véhicule autonome, permettant de classer chaque robot en fonction de son degré de liberté décisionnelle « allant du niveau 0 correspondant à une simple machine, au

alimenterait son patrimoine[244] ; il ferait l'objet d'une « immatriculation administrative[245] » (comme un véhicule) et n'aurait pas de nom. Comment peut-on être propriétaire ou utilisateur d'une « personne » immatriculée ? En voulant élever les choses au rang des personnes, au bénéfice d'une analyse fonctionnelle de la personnalité juridique réservée aux groupements que nous jugeons abusive[246], on aboutit inévitablement à la confusion des genres et l'on ne peut que s'inquiéter : les textes instaurant l'esclavage ont été avec juste raison critiqués. Certains voudraient même déboulonner la statue de Colbert[247] parce qu'il a été le promoteur du code noir. Mais ces nouvelles propositions nous apparaissent beaucoup plus dangereuses pour le devenir de l'humanité parce qu'elles en sonnent le glas. Il nous semble que les juristes qui les soutiennent portent une lourde responsabilité.

Elles ont quand même suscité un tollé dans la communauté des chercheurs[248] et pour l'instant été rejetées. Mais elles ont le

---

niveau 4 pour un robot capable d'apprendre, de réfléchir, de raisonner etc. Ainsi, du niveau 0 à 1 les constructeurs ne verraient pas leur responsabilité engagée. Au niveau 2-3 la responsabilité pourrait être partagée entre l'utilisateur, le constructeur et le développeur du logiciel d'autonomie, la voiture autonome pourrait à l'heure actuelle entrer dans cette catégorie. Enfin, au niveau 4, seule la responsabilité du constructeur pourrait être retenue après que le robot ait été désigné comme « responsable » V° également : Laurent Archambault Léa Zimmermann « *La réparation du dommage causé par l'intelligence artificielle : le droit français doit évoluer* » La gazette du Palais 6 Mars 2018. L'idée de créer des régimes de responsabilité adaptés à certaines intelligences artificielles (comme celle des voitures autonomes ou des robots médicaux) est actuellement avancée (V° Mélanie Messager Responsabilité et intelligence artificielle op.cit. pp 50 et suiv.

[244] Ainsi, pour le véhicule autonome personnifié, le financement serait effectué par le constructeur du véhicule et par l'assureur.

[245] Résolution du parlement du 16 Février 2017 paragraphe 59

[246] Xavier Labbee *Personnifier la voiture autonome,* Recueil Dalloz, 17 Septembre 2019, p 1719 ; Rapp Barsan *« La voiture autonome : aspects juridiques »* Lexis 360. Communication courrier électronique n°2 2018 étude 3

[247] *Racisme : le pays va-t-il finir par déboulonner certaines statues polémiques comme celle de Colbert ?* 20 Minutes 13 Juin 2020.

[248] Phane Montet *Une personnalité juridique pour les robots ? Plus de 220 experts sonnent l'alarme* usbeketrica.com. ; Jean René Binet « *Personnalité des robots : une voie à ne pas suivre* » Droit de la famille 6 Juin 2017 ; Grégoire Loiseau : *Personnalité des robots, une monstruosité juridique* JCP 2018 p 597.

mérite d'avoir été faites. Il n'est pas improbable qu'elles reviendront en discussion dans quelques années[249]. Et que les réactions qu'elles suscitent aujourd'hui paraîtront alors futiles.

SECTION 2. L'ABANDON PRÉVISIBLE DU PRINCIPE DE RESPECT DÛ AU CORPS ET L'INVERSION DE LA RÈGLE *ACCESSORIUM SEQUITUR PRINCIPALE*

Le droit de la bioéthique - nous l'avons vu - est actuellement dominé par deux principes : celui du respect dû au corps humain (qui se décline en treize articles contenus dans le code civil) et celui de la primauté de la personne dont nous avons tiré la règle selon laquelle le corps n'en est que l'accessoire. Que va-t-il rester de ces deux principes ? Il est probable qu'il n'en demeurera plus grand-chose. Les lois bioéthiques n'ont-elles pas d'ores et déjà perdu de leur intérêt ?

§ 1. Le respect dû au corps s'étend-il aux instruments de prothèse ?

Les lois bioéthiques ont été faites pour protéger le corps humain... mais elles n'ont été faites que pour lui. Elles sont fondées sur le respect qu'on lui doit. L'article 16-1 du code civil nous dit ainsi que « *chacun a droit au respect de son corps* ». Il est dit également que « *le corps humain est inviolable* » et « *indisponible* ». Pourquoi faut-il respecter le corps humain ? Que signifie le mot « *respect* » ? Il est vain de parler de dignité humaine si l'on n'en explique pas le fondement. Pourquoi le corps humain est-il digne de respect ? Des explications ont pu être apportées par des auteurs au fil du temps.

Pour certains, le corps serait un objet humain d'essence divine. C'est Dieu qui aurait créé l'homme « *à son image* » selon

[249] Daniel Mainguy, *La personnalité juridique des robots* In colloque « Droits des êtres humains et droits des autres entités » Montpellier, 19 Mai 2019.

la Genèse, comme nous l'avons déjà souligné[250]. Pour cette raison, on ne peut donc pas manipuler le corps humain n'importe comment, à n'importe quelles fins : son régime juridique serait si original eu égard au droit commun des biens qu'il témoignerait, selon une partie de la doctrine et de la jurisprudence[251], de son appartenance à une catégorie ancienne de choses qu'on avait peut-être oubliée : celle des choses sacrées (*divini juris*)[252].

Pour d'autres, le corps appartiendrait à la communauté des hommes, à l'Humanité toute entière que l'on personnifie volontiers avec son « patrimoine » et ses crimes perpétrés contre elle, ou enfin à la Nature elle aussi personnifiée en une « dame ». Il pourrait alors être rattaché à la catégorie des « *choses communes* » qui « *n'appartiennent à personne* » et dont l'individu n'aurait que l'usage (art 714 C. civ). À ce titre, on ne pourrait pas non plus en faire n'importe quoi. Le régime juridique des choses communes est en réalité très proche de celui des anciennes choses sacrées. D'ailleurs, les manuels de droit romain décrivent en même temps les catégories des « *res religiosae* » et des « *communia* ».

Le corps humain serait donc respectable parce que l'individu n'en serait que le simple usager. Sa nue-propriété appartiendrait à une entité supérieure : Dieu, la Nature ou l'Humanité. Il entrerait ainsi dans la catégorie des choses sacrées ou des choses communes et c'est pourquoi on ne pourrait en faire n'importe quoi et on ne pourrait pas en disposer à titre onéreux. On ne

---

[250] Xavier Labbee *Le cyborg et les lois bioéthiques* in Delage « science-fiction et science juridique » op. cit p 102 et suiv.

[251] V° Hélène Popu « *La dépouille mortelle est une chose sacrée* » L' Harmattan 2009 V° « La dépouille mortelle est une chose sacrée » note sous TGI de Lille 6 Janvier 2011 JCP 31 Janvier 2011 La dépouille mortelle serait sacrée, ce que ne contredit pas l'article 16-1- 1 du code civil. « *Le respect dû au corps ne cesse pas avec la mort. Les restes des personnes décédées, y compris les cendres, doivent être traités avec respect, dignité et décence* ».

[252] Raymond Monier op. cit « *D'après l'opinion des jurisconsultes, il faut que le cadavre soit enterré par celui à qui incombe les funérailles, dans un terrain dont il est propriétaire, et situé hors de la ville de Rome, pour que le terrain devienne « locus religiosus »* (op cit p 449). *Le cadavre ne devient chose sacrée qu'au travers la sépulture qui le protège* ».

peut pas disposer de ce dont on n'est pas pleinement propriétaire.

Mais le devoir de respect que l'on doit au corps humain va-t-il s'étendre aux prothèses ? Dans le silence du code civil, il paraît difficile de répondre par l'affirmative. L'instrument n'inspire de respect qu'en raison de sa fonctionnalité et du confort qu'il apporte à l'individu. Il peut aussi susciter une sorte d'admiration. Mais on ne comprend pas, à titre d'exemple, pourquoi il faudrait traiter avec *« respect, dignité ou décence »* les prothèses ayant appartenu au défunt. Il ne vient à l'idée de quiconque d'enterrer une personne avec ses prothèses à moins que le défunt ne l'ait expressément demandé. C'est d'ailleurs quelquefois une obligation que de les retirer : c'est le cas par exemple du *pacemaker* qui doit être enlevé par le médecin avant toute crémation[253]

Nous comprenons aussi que la présence de l'instrument de prothèse remet inévitablement en cause l'étendue du droit de l'individu sur son corps.

En effet, si on suit l'analyse selon laquelle l'individu ne serait titulaire que d'un droit réel réduit (à l'image de l'usufruit) sur son corps dont la nue-propriété appartiendrait à Dieu[254], la Nature ou l'Humanité, on peut en déduire que le corps est respectable, que l'individu ne peut en faire n'importe quoi et qu'il est frappé d'indisponibilité. Je ne peux pas disposer d'un bien qui ne m'appartient pas et je dois respecter la propriété d'autrui. Et nous comprenons du même coup l'article 16-5 du code civil qui prohibe « *les conventions patrimoniales* » ayant pour objet le corps humain.

Mais on a beaucoup de mal à comprendre pourquoi l'individu ne serait pas pleinement propriétaire de la prothèse qu'on lui donne ou qu'il achète. Ni pourquoi il ne pourrait en disposer librement, la vendre, la louer, la détruire ou l'échanger. Si je ne peux pas vendre mes organes aux motifs allégués d'une

---

[253] V° Xavier Labbee *Les instruments de prothèses et la mise en bière* LPA N° 149, 26 juillet 2012.

[254] V° Xavier Labbee *Le corps humain et les Saintes Ecritures* in mélanges Memeteau. LEH Editions « *Ceci est mon corps prenez et mangez* » publié par le Barreau de Saint Brieuc Saint Yves 2009.

prétendue sacralité du corps humain, pourquoi ne pourrais-je pas revendre la jambe artificielle que j'ai achetée dès lors que je souhaite en acquérir une autre plus perfectionnée ? Pourquoi - au prix où sont les prothèses bioniques neuves qui ne sont peut-être pas remboursées par la sécurité sociale - ne pourrait-on imaginer un marché de l'occasion ? Ce marché existe déjà sur internet pour les instruments classiques à l'image des implants auditifs[255] ou des prothèses capillaires en cheveux naturels. Peut-être est-il encore trop tôt pour évoquer une côte argus en matière de prothèses bioniques mais on se dit que le débat apparaîtra sûrement futile dans une dizaine d'années. Des « *fabrications d'instruments de prothèse low-cost* »[256] à moindre coût apparaissent aussi témoignant d'une véritable mise sur le marché d'objets devenus finalement banals.

Ne peut-on craindre qu'en favorisant la vente de prothèses (souvent plus solides et plus fiables que des organes humains) on ne remette en cause le principe de la non-commercialité du corps humain ? La mise sur le marché des prothèses ne va-t-elle pas favoriser par osmose, la mise sur le marché des organes ? Les éléments du corps humains ne finiront-ils pas par apparaître comme des pièces de second choix, face à de coûteuses prothèses ultra perfectionnées, plus solides et plus sûres ? La qualité recherchée « d'homme augmenté » ne sera-telle pas l'apanage des plus riches, qui pourront s'offrir ce que les plus pauvres n'auront pas la possibilité d'acheter ? Le corps humain et ses instruments ne vont-ils pas uniformément tomber dans le commerce juridique, dans la post-humanité qu'on nous annonce ?

Ne peut-on craindre que l'affirmation d'un droit de propriété de l'individu sur ses prothèses n'entraîne, par voie de consé-

[255] Une prothèse auditive neuve coûte environ 3000 euros. On peut trouver la même prothèse en occasion pour une somme largement inférieure sur eBay. Il suffit de consulter les annonces.

[256] Dans un autre registre, on a vendu sans état d'âme en salle des ventes le dentier en or d'Aristote Onassis (V° Xavier Labbee blog Dalloz « *Des cheveux, un doigt, des dents* ») Mais le commerce des Saintes reliques a toujours été dénoncé même s'il a existé. Des ventes de reliques ont récemment été suspendues en application de l'article 16-5 du code civil.

quence, la reconnaissance d'un droit de propriété complet de l'individu sur son propre corps, comme le suggèrent déjà certains auteurs[257] ? Le caractère prétendument sacré du corps humain, qui pouvait servir de support au principe d'indisponibilité si malmené aujourd'hui, ne va-t-il pas finir par disparaître ? Une prothèse n'est pas sacrée. Je suis propriétaire de mes prothèses comme je suis propriétaire de mon corps. Et j'en fais ce que je veux.

Nous comprenons que les lois bioéthiques sont en fait devenues obsolètes : elles ne protègent que le corps humain y compris peut-être contre leur titulaire. Mais elles ne protègent pas les instruments d'appareillage qui ne sont que de simples objets mobiliers. Elles ne concernent pas non plus les robots. Les articles 16 et suivants du code civil ne parlent que du corps humain. Ils sont placés dans une rubrique dédiée au corps humain. Ils ne parlent pas des prothèses. L'exégèse des textes est simple à réaliser : les lois bioéthiques ont fait leur temps. On comprend aujourd'hui leur limite. Parlera-t-on bioéthique dans la post-humanité ? C'est peu probable.

Il n'est pas impossible que le « respect » que l'on doit au corps humain ne soit finalement analysé qu'à l'image d'une conséquence de l'opposabilité à tous du droit de propriété qualifié par ailleurs d'*inviolable et sacré*.[258] Mon corps ne serait respectable que pour la seule et unique raison que j'en suis propriétaire. Et on doit respecter la propriété d'autrui. En suivant ce raisonnement, on peut admettre que *« chacun a droit au respect de ses prothèses »*. Si l'obligation de respecter le corps humain n'est que la conséquence de l'opposabilité du droit de propriété aux autres, le raisonnement pourrait s'arrêter là. Mais est-ce bien satisfaisant ? Et que devient alors le principe de dignité humaine qui fondait les lois bioéthiques ? La dignité humaine ne va-t-elle pas se résumer au strict respect de la volonté

---

[257] Marc Dupré *De la propriété de l'être humain au transhumanisme* in «*Transhumanisme : questions éthiques et enjeux juridiques* » Op. Cit p 247 et suiv. Thierry Revet *Le corps humain est-il une chose appropriée* ? RTD Civ 2017 p 587

[258] Article 17 de la Déclaration des droits de l'Homme

de l'individu, qui par essence est libre de faire ce qu'il veut de son corps ?

§ 2. L'inversion de la règle « *accessorium sequitur principale* »

Ne faut-il pas craindre une inversion de la règle « *accessorium sequitur principale* » qui nous dicte que le corps n'est que l'accessoire de la personne[259] ? Tout porte à croire que dans un avenir proche, l'individu va devenir l'esclave d'un corps idéalisé et peut être inusable (à défaut d'être immortel), qu'il va chercher à obtenir à tout prix. Il est question de « s'augmenter pour se dépasser »[260]. La quête de l'immortalité de la personne en son âme immatérielle serait remplacée par la recherche d'un corps parfait et inusable, garanti pour l'éternité. L'objet ne sera plus l'accessoire du sujet mais au contraire, le sujet risque dc devenir l'accessoire de l'objet idéalisé.

Nous avons déjà dit que de nouveaux instruments apparaissent aujourd'hui, qui donnent à l'homme une nouvelle dimension. Ces objets ne se contentent plus d'assister ou de remplacer un membre ou un organe défaillant, comme le faisaient jusqu'à présent les orthèses, les prothèses ou les implants[261]. Entrant souvent (mais pas nécessairement) dans la qualification générale de « *dispositifs médicaux* »[262] ils peuvent augmenter en

---

[259] V° nos développements pages 21 et suiv.

[260] Isabelle Queval « *corps et performance : s'augmenter pour se dépasser* » in L'humain et ses prothèses. CNRS éditions

[261] Ces dénominations classiques nous sont données par le code de la sécurité sociale lorsqu'il s'agit d'évoquer la question de leur remboursement

[262] Xavier Labbee « *L'homme robotisé* » J.Cl Fasc. 56 ss article 16 c.civ « Sous le vocable « *dispositif médical* », le code de la santé définit le régime juridique de tous les objets matériels qui peuvent se mettre au service du corps humain ou de le suppléer : le langage employé par le législateur ouvre véritablement la porte à l'apparition de l'homme robotisé, puisque le dispositif comprend de manière très large « *tout instrument, appareil, équipement, matière, produit... y compris les accessoires et logiciels nécessaires au bon fonctionnement de celui-ci* » destinés à être utilisé « *à des fins médicales* » (art L 5211-1 CSP). Lorsque ces dispositifs sont destinés à être implantés en tout ou partie dans le corps « *et (qu'ils) dépendent pour leur bon fonctionnement d'une source d'énergie électrique ou de toute source d'énergie autre que celle*

réalité les pouvoirs de la personne : à titre d'exemple, l'exosquelette[263] est une orthèse bionique qui décuple les forces de l'individu, qu'il soit tétraplégique, soldat[264], ou plus simplement déménageur... Les prothèses bioniques[265] peuvent être de

---

qui est générée directement par le corps humain ou la pesanteur », on les nommera « *dispositifs médicaux implantables actifs* » (art L 5211-1). L'affirmation de l'apparition de l'homme robotisé est nette : l'instrument peut avoir sa propre source d'énergie et pas seulement électrique (il existe des prothèses de la main alimentées par des piles électriques. Les stimulateurs cardiaques fonctionnent avec une pile au lithium). Le régime juridique du dispositif médical est défini aux articles L 5211-2 et suivants : le dispositif, en particulier, doit faire l'objet d'un « certificat de conformité » pour être mise sur le marché (art L 5211-3) et ceux qui le fabriquent ou le distribuent doivent « être déclarés auprès de l'ANSM » (art L 5211-3-1) »

La jurisprudence néanmoins a été amenée à préciser la notion de dispositif médical : « qui ne couvre un objet conçu par son fabricant pour être utilisé chez l'homme à des fins d'étude d'un processus physiologique, que s'il est destiné à un but médical » (CJUE 22 Novembre 2012, Brain products aff C 219/11 (à propos d'un système permettant d'enregistrer l'activité cérébrale humaine à des fins de recherche scientifique).

263 « Cet appareil évoque une espèce d'armature déployée sur les membres et le dos d'une personne, qui décuple les capacités musculaires de ceux qui ne peuvent pas utiliser leur corps de façon normale. L'appareil robotisé détecte, grâce à des capteurs placés sur le corps, les impulsions bioélectriques émises par le cerveau et connaît ainsi les muscles que la personne veut bouger. Il active alors les articulations mécaniques correspondantes et aide ainsi au mouvement. L'exosquelette est commercialisé dans le monde à des fins médicales (pour assister les personnes qui n'ont plus d'autonomie) ou à des fins militaires. Il est aussi plus simplement utilisé dans le monde de l'entreprise. Tout en assistant l'individu, il peut lui permettre de se dépasser en accomplissant des prouesses que sans lui il serait incapable de faire. Il nous semble que l'exosquelette peut-être qualifiable de « *personne par destination* » lorsqu'il est posé sur le corps et qu'il assiste l'individu » (Xavier Labbee J.Cl L'homme robotisé Fasc. 56 sous article 16 c. civ. V° également Nathanaël Jarrassé « prothèses robotiques : vers un nouveau dualisme ? » in *L'humain et ses prothèses* (Lindemeyer (dir) CNRS Ed. p 218

264 Ysens de France « *Transhumanisme et droit des conflits armés* » in Transhumanisme : questions éthiques et enjeux juridiques » Op. cit p 351 ; Pierre Lecocq « *Le soldat augmenté* » in L'homme augmenté PU Septentrion Lille

265 Elle a pour objet de remplacer un organe défaillant, comme une main, un bras, une jambe ou un pied. Mais c'est le cerveau qui commande directement l'instrument. La prothèse bionique a été imaginée et expérimentée à la fin du XX ème siècle. Son branchement suppose une intervention médicale sur le

leur côté pilotées par la pensée (on parle d'interface cerveau-machine[266]) et peuvent être esthétiquement plus belles[267] que les membres qu'elles remplacent... Elles sont d'ailleurs parfois décorées[268] même si l'on n'emploie pas le mot « tatouage » encore réservé au corps humain. On parle d'œuvres d'art[269] et l'on emploie le qualificatif « fascinant »[270] pour les désigner. On a vu des personnes demander l'amputation d'un membre inerte aux fins d'obtenir la pose d'un instrument artificiel. N'y a-t-il pas là un problème d'éthique ? Dans ce registre, la danseuse Viktoria Modesta[271] a expliqué qu'elle avait une jambe atrophiée dont elle a demandé l'amputation, aux fins de pouvoir porter une prothèse bionique... qui lui permet désormais de mener les revues au Crazy Horse et de réaliser son rêve. Elle n'aurait jamais pu accéder à une telle fonction si elle n'avait eu sa prothèse. Dans le même ordre d'idées, on se souvient du

---

corps de celui qui a été amputé. La prothèse comprend à son extrémité des électrodes capables de recevoir et traduire les ordres donnés par le cerveau. Nous ne sommes plus aujourd'hui au stade de l'expérimentation mais bien au stade du commerce. Plusieurs sociétés de technologie médicale commercialisent les prothèses bioniques de bras, de mains ou de jambes contrôlées et alimentées par la pensée. Le phénomène n'est plus marginal mais demeure coûteux : à titre d'exemple le prix de simples doigts bioniques irait de 38 000 € à 50 000 €. Les prothèses bioniques, dans la mesure de leur amovibilité, peuvent entrer dans la catégorie des « *personnes par destination* » dès lorsqu'elles sont affectées au service du sujet qui a voulu créer le rapport de destination (Xavier Labbee L'homme robotisé J.Cl fasc. 56)

[266] Nathanaël Jarrassé « *prothèses robotiques : vers un nouveau dualisme*» in L'humain et ses prothèses Lindermeyer (dir) CNRS Ed p 219

[267] Une société a même lancé la prothèse bionique « sexy » (« Immaculate ») qui délibérément refuse la forme humaine pour préférer une forme artistico futuriste et accomplir du même coup des gestes impossibles pour un simple humain, transformant ainsi une jeune femme amputée d'un bras en véritable Barbarella. V° journaldunet.com 29 Octobre 2009 « *Une prothèse très sexy : immaculate est la prothèse sexy qui s'assume et tente de nouvelles fonctionnalités* »

[268] « *Désormais rayées, fleuries ou chamarrées, les prothèses s'affichent* » Le Point 26 mars 2019 wwwlepoint.fr

[269] Simone Korff « La prothèse : esthétisation, érotisation, fétichisation » in L'humain et ses prothèses p 121 et suiv.

[270] Nathanaël Jarrassé op.cit.

[271] Xavier Labbee « *La danseuse nue avait une jambe artificielle* » La gazette du Palais N°23 du 25 juin 2019

champion paralympique Oscar Pistorius, athlète handicapé, qui n'a pu s'inscrire aux épreuves olympiques aux motifs que par la grâce de sa prothèse ultra perfectionnée, il aurait pu dépasser en vitesse les athlètes non handicapés. Les exemples du même genre se multiplient...[272]

Ces instruments coûtent cher et ne sont pas nécessairement remboursés par la sécurité sociale.

D'autres instruments apparaissent également, qui n'ont pas de finalité médicale et n'entrent en conséquence pas dans la catégorie des dispositifs médicaux. Ils ne sont pas soumis à leur régime juridique mais apportent à la personne des pouvoirs qu'elle n'a pas[273]. Songeons à la puce sous cutanée qui permet à l'individu de déclencher l'ouverture d'une porte ou encore de payer une commande comme il le ferait avec une carte de crédit ; l'objet est bien « implanté » (et suppose donc une intervention invasive) mais ne poursuit pas de « finalités médicales ». Il transforme l'individu et c'est tout. Songeons dans un autre domaine aux lunettes qui permettent de voir la nuit. Ces instruments peuvent-ils être qualifiés de dispositifs médicaux ? Sont-ils soumis aux dispositions relatives aux recherches biomédicales avant d'être mis sur le marché ? Faut-il les expérimenter et si oui comment ? On se met alors à craindre avec une dose de fascination l'arrivée de prothèses qui modifient l'homme : la jambe ou le bras bionique télescopique qui transforment l'individu en géant, ou encore « l'œil de cyborg » qui permet à l'individu de voir la nuit. Puis-je me faire greffer un œil derrière

---

[272] V° Isabelle Queval « *S'augmenter pour se dépasser* » in l'humain et ses prothèses Lindermeyer (dir) 2017 CNRS Ed. p 19 et suiv.

[273] Xavier Labbee. *Faut-il être médecin pour diriger une recherche biomédicale visant à augmenter les capacités de l'individu* ? Dalloz 14 novembre 2014 p 2250. Tout objet bionique n'entre peut-être pas dans la catégorie des « dispositifs médicaux ». Nous nous rendons compte que la lettre du texte de l'article L 5211-1 ne donne pas de régime juridique à l'instrument d'augmentation. Ces instruments relèveraient d'une nouvelle science qui ne se confond pas avec la médecine et qu'on appelle *« L'anthropotechnie »* (Jérôme Groffe « *De l'humain réparé à l'humain augmenté : naissance de l'anthropotechnie* » in « l'humain augmenté ») L'article L 5211-1 se révèle incomplet. C'est sans doute une lacune qu'il faudra tôt ou tard combler.

la tête aux motifs que ma voiture a une caméra de recul ? Le modèle humain est-il déposé ? Ces questions ne sont ni juridiques ni médicales. Elles ressortent de l'éthique ou de ce que l'on aurait appelé autrefois le « droit naturel » dont il serait peut-être temps de redécouvrir les vertus...

L'homme peut-il modifier la Création ? Le « post-humain » est-il encore humain ? L'homme peut-il défier le Créateur en prétendant faire mieux que lui ? Nous aurions tendance à répondre non, en rappelant les développements qui avaient été initialement tenus pour justifier la procréation médicalement assistée : le médecin peut assister la Nature lorsqu'elle est défaillante en matière de procréation. Mais il ne doit surtout pas la remplacer. Seulement ce principe n'a eu qu'une existence éphémère... il n'a plus de sens à l'heure où l'on veut accorder la PMA pour toutes.

Resterait le principe de défense de la « dignité humaine » défini à l'article 16 du code civil : ne met-il pas obstacle à la modification de l'humain ? Mais s'il apparaît nécessaire de devoir modifier l'humain pour assurer sa survie, tout porte à croire que l'on passera outre tout interdit et que le concept de dignité sera devenu creux. Et l'on finira par dire que ce qui est indigne, c'est ce qui ne respecte pas la volonté individuelle toute puissante.

Si l'homme, maître du monde, cesse de croire en Dieu, en la Nature ou en l'Humanité et se met à inventer et fabriquer une nouvelle Nature dans laquelle il prend pour modèle ou pour image la machine qu'il a lui-même créée... alors la personne devient l'accessoire de la chose idéalisée. La règle « *accessorium sequitur principale* » se trouve inversée. Le sujet devient l'accessoire de l'objet... C'est la fin de l'Humanité qui s'annonce et l'avènement d'un autre monde robotisé et déshumanisé.

Le professeur Jean Didier Vincent résume l'inquiétude mêlée de fascination qu'engendre le progrès : « *L'homme est parvenu à un tournant radical de son histoire où il prend conscience qu'il ne réalisera jamais le rêve cartésien d'être le maître et possesseur de la nature. Il est devenu l'esclave d'une nouvelle nature artificielle qu'il a lui-même produite, une nature supérieure à la misérable natura naturans dont nous sommes les produits naturels. Il cherche aujourd'hui à échapper à cette calamité en alignant son corps sur les instruments. Grâce à l'engineering de l'humain, extrême perversion de l'offre et de la demande, on imite les objets que nous avons fabriqués. Longtemps, l'homme a été le modèle de la machine. Aujourd'hui la machine est le modèle de l'homme. L'enjeu n'est donc plus d'imiter la nature mais de créer une nouvelle nature ».*[274]

À l'heure où l'on parle volontiers de la théorie des genres et où l'on publie « le manifeste cyborg » ce risque est peut-être plus proche que nous le croyons[275]. Il est peut-être celui que d'autres ont prédit en décrivant (bien mieux que des auteurs de science-fiction) « l'apocalypse » et le jugement dernier que nous évoquions dans les premières pages.

CONCLUSION PARTIELLE

Que pouvons-nous retenir pour l'instant ? La révolution numérique a placé une machine entre les hommes et cette machine leur est maintenant indispensable à l'exercice de leurs droits. La révolution robotique va au-delà puisqu'elle robotise l'homme et humanise le robot

La robotisation de l'homme conjuguée à l'apparition de l'humanoïde et de l'intelligence artificielle conduit inévitablement à la confusion des personnes et des choses. Il n'y aura bientôt plus de différence entre le lien qui unit les personnes entre elles et celui qui unit la personne à la chose. Dans la post-humanité, il ne devrait plus y avoir de différence entre les personnes et les choses, à partir du moment où l'on peut indiffé-

---

[274] La loi bioéthique de demain. Rapport Sénat de MM Claeys et Viallatte N° 107 page 228.

[275] V° Donna Harraway *Le manifeste cyborg et autres essais*. Ce manifeste est devenu un ouvrage iconoclaste incontournable des études de genre et se présente comme une double utopie critique des catégorisations de genre et de nature, en mettant en avant la figure du cyborg, un être vivant composé de parties organiques et de parties provenant de machines. Il s'achève par ces mots : « Je préfère être cyborg que déesse » (Dictionnaire Wikipédia)

remment passer un contrat avec une personne ou un robot, ou encore épouser un humain ou un humanoïde en vertu de règles identiques. On peut dès lors se demander comment se régleront les rapports entre les post-humains ?

On se dit irrésistiblement que la règle de droit, et la justice chargée de l'appliquer, ne pourront sans doute plus apporter de réponse à la question puisque ces notions sont fondées sur la distinction millénaire des personnes et des choses. Si la confusion des personnes et des choses devait provoquer l'apparition d'un être nouveau qui n'est plus humain, elle devrait provoquer également l'apparition d'un système et d'un instrument nouveaux permettant de régler les rapports entre ces nouveaux êtres.

Elle devrait par voie de conséquence provoquer la disparition du droit et de la justice telle que nous la connaissons aujourd'hui. Ne sommes-nous pas actuellement en train d'assister à leur lente désagrégation, traduisant plus profondément la disparition progressive de l'humanité ?

DEUXIÈME PARTIE

LA CONFUSION PROCESSUELLE
ou la disparition de l'ancien juge

Nous avons rappelé en introduction de cet ouvrage, que la distinction des personnes et des choses est si ancienne qu'elle correspondrait, en fait, à l'entrée de l'humanité dans la civilisation[276]. La règle de droit et la justice qui est chargée de son application, opèrent depuis toujours cette distinction fondamentale qu'ils respectent et qui a pu correspondre à un progrès : c'est la civilisation qui a forgé la règle de droit et c'est la justice qui, en l'appliquant, a permis de mettre fin aux conflits autrement que par la vengeance et la barbarie.

Mais nous avons aussi constaté que « la confusion des personnes et des choses » est « en marche »[277]. Que va-t-il se passer le jour où les rapports que les hommes pourront avoir entre eux seront de même nature que ceux qu'ils pourront avoir avec des machines intelligentes ? Que va-t-il se passer le jour où l'on pourra indifféremment épouser un robot ou un être humain, ou encore souscrire un contrat avec un robot comme on le fait avec un être humain ? Que va-t-il se passer enfin le jour où les rapports entre les êtres humains et humanoïdes seront régis par des dispositions uniques et uniformes ? Nous avons avancé que ce jour-là devrait correspondre à l'entrée dans le post humanisme. Comment seront réglés les rapports entre ces nouveaux êtres ?

---

[276] V° pages 19 et suivantes.

[277] V° pages 35 et suivantes

Pour l'instant, on achète une machine et l'on épouse une personne. Va-t-on demain pouvoir indifféremment « achepouser » un humain ou un humanoïde ? Que révèlera le contenu de ce nouveau mot à supposer qu'il soit créé ? Et comment seront réglés les conflits entre post-humains ? Par un « juge-bot » mi personne mi chose ? Il n'y a pas de raison qu'il n'en soit pas ainsi : si la femme robot est plus belle et plus intelligente que la femme au point qu'on peut chercher à l'épouser, pourquoi ne préférerait-on pas le juge robot au juge humain ? Et pourquoi la justice rendue par le robot serait-elle de qualité inférieure à la justice humaine ? Pourquoi faudrait-il la craindre ? Et en quoi serait-elle différente ?

a) Justice humaine

Que signifie le qualificatif « humain » accolé à la justice ? Qu'attend-on aujourd'hui d'un juge, pour qu'il statue « avec humanité », sinon de grandes « qualités humaines » ? Ces notions renvoient sans doute à la bonté, la grâce, la miséricorde, la bienveillance, la délicatesse et l'impartialité. Il faut juger, dit-on, avec le cœur et la raison[278]. Ce qui signifie que l'on doit craindre avant tout le juge complaisant, partial[279], grossier ou encore malveillant. Le risque « d'inhumanité » est-il inexistant en matière de justice ? On ne peut pas le dire et d'ailleurs il existe des procédures pour récuser un magistrat que l'on soupçonne par exemple de partialité.

Mais « l'humanité » renvoie aussi à l'erreur toujours possible : « *l'erreur est humaine* » et la phrase a été érigée en proverbe[280]. Le droit en est tellement conscient qu'il a érigé en principe la technique du double degré de juridiction, permettant ainsi de corriger l'erreur éventuellement commise dans l'appréciation des faits par les premiers juges. Et c'est égale-

---

[278] Xavier Labbee *Introduction générale au droit Critères et finalités de la norme juridique* Septentrion pages 313 et suiv.

[279] V° par exemple : « *Mur des cons : ce jugement est la condamnation d'une dérive militante* » 1er février 2019 Lepoint.fr

[280] On exprime parfois la phrase en latin (Errare humanum est) qu'on attribue à Sénèque.

ment pour sanctionner l'erreur dans l'application de la règle de droit qu'a été créé le pourvoi en cassation. On observe d'ailleurs que le juge n'est pas personnellement responsable des erreurs qu'il commet : le risque d'erreur est inhérent à l'activité judiciaire. C'est pourquoi le droit a également instauré toute une série de principes visant à protéger les justiciables (comme la présomption d'innocence) tant il est conscient du risque d'erreur judiciaire. Ces principes sont à ce point « humains » qu'ils font partie pour la plupart des « droits de l'homme ». La justice humaine a donc finalement conscience qu'elle est par nature imparfaite. Elle a conscience de ses limites. Elle est néanmoins en quête permanente d'amélioration.

b) Justice post-humaine

Il ne faudrait peut-être pas croire que la disparition de la règle de droit, consécutive à l'arrivée dans la post-humanité, puisse correspondre au retour de la vengeance ou de la barbarie et à la régression vers un système primitif : l'édification d'un système infaillible et totalement neutre constitue en revanche un idéal à atteindre, même s'il suppose une construction totalement différente du système que nous connaissons actuellement et qui forme la justice.

Dans le système post-humain, on peut d'abord imaginer sans trop de difficulté que la machine sera irréfragablement présumée connaître l'ensemble des règles de droit. Le robot a absorbé l'ensemble des textes de lois et toute la jurisprudence : « *jura novit curia robotica* ». En cela il est plus fort que le juge que nous connaissons. On peut aussi présumer que la machine, totalement neutre, sera de ce fait capable de rendre une décision dans la plus grande impartialité. La machine ne sera peut-être pas capable de bienveillance. Mais elle ne pourra pas *a priori* être soupçonnée de complaisance. L'égalité de traitement des justiciables, devant elle, est certaine. Et puis la machine ne peut pas se tromper dans l'analyse des faits qu'on lui donne, dans la mesure où les nouveaux procédés de preuve sont bien souvent incontestables. « *Res tractata ab roboto pro veritate habetur* » On peut se dire alors qu'il n'est plus utile de maintenir la règle du double degré de juridiction (quitte à maintenir ou tout au plus garder une sorte de recours en révision pour couvrir l'hypothèse de survenance de nouveaux faits). Et pour faire évoluer la règle de droit (si tant est qu'elle doive évoluer puisqu'elle est *a priori* parfaite) il suffira de modifier l'algorithme du robot... La cour de cassation deviendrait la cour de régulation de l'algorithme. Instaurer un juge robot pourrait sembler donner la garantie d'une totale neutralité et permettrait a priori d'éviter le risque d'erreur[281]. S'agit-il d'un progrès ?

c) Nature des rapports entre post-humains

Les rapports entre les êtres composant la post-humanité ne seront peut-être pas de même nature que ceux qui unissent les humains. Comment les imaginer ? Tout porte à croire, des exemples que nous avons donnés, que les êtres qui formeront la post-humanité seront plus beaux et plus intelligents que les humains. Ils auront sans doute emmagasiné toutes les connaissances en mémoire et seront - sinon immortels - au moins inusables. Mais leur existence sera peut-être programmée dès leur naissance et la notion d'erreur leur sera inconnue puisqu'une machine ne peut pas se tromper. Tout au plus peut-elle se dérégler.

Seront-ils encore dotés d'une conscience leur permettant de distinguer le bien du mal, ce qui est beau de ce qui est laid ? Ces notions elles-mêmes, qui étaient au cœur du procès et constituaient la finalité du droit, n'auront-elles pas disparu car devenues inutiles ?

On peut imaginer que demeurera, dans les relations de droit privé entre post-humains, la nécessité de réparer le dommage causé volontairement ou accidentellement à autrui : les questions de responsabilité délictuelle ou contractuelle sont d'ailleurs au cœur du projet européen visant à personnifier le robot. Mais elles sont les seules et ce n'est peut-être pas un hasard. Comme s'il n'y en avait plus d'autres. La réparation devra être la plus juste possible. Et elle devra être intégrale. Ce qui ne

---

[281] Olivier Tcherkessoff *Justice prédictive : la justice sans les hommes* In « Transhumanisme : questions éthiques et enjeux juridiques » Op. Cit pages 153 et suiv.

signifie pas que la présence d'un juge entouré d'avocats soit nécessaire : on peut imaginer qu'une machine puisse régler le plus justement possible le litige, sans commettre les erreurs que pourrait commettre un magistrat, dans la mesure où on lui a fourni toutes les indications pour ce faire.

On peut également imaginer que dans la post-humanité, la notion d'infraction pénale répondra à une nouvelle définition : si le post-humain commet une infraction, c'est parce qu'il est déréglé ou malade (la maladie ne révélant finalement qu'un dérèglement). La société devra alors avoir pour politique pénale de réparer ou reconfigurer le post-humain déréglé devenu délinquant, puis d'indemniser la victime. On peut imaginer que le procès commencera par une plainte que la victime émettra publiquement (un peu comme un système d'alarme ou d'alerte se déclenche dès qu'un événement anormal apparaît). Toute la communauté des post-humains en aura immédiatement connaissance et sera alertée aux fins de pouvoir traiter immédiatement le problème et faire revenir au plus vite la paix troublée en réparant le fauteur de trouble ou en l'éliminant s'il n'est pas réparable.

Le règlement des rapports entre post-humains risque fort d'être totalement différent de celui que nous connaissons aujourd'hui si l'on suit cette analyse. On peut craindre qu'ils ne seront plus réglés par le droit ni par la justice tels que nous l'entendons de nos jours.

d) Le paradoxe contemporain

La période transhumaniste que nous traversons témoigne d'un paradoxe : les conflits n'ont pas disparu mais la justice traditionnelle (composée de juges et d'avocats) ne semble déjà plus là pour les résoudre. D'autres procédés sont espérés pour les régler ou les traiter, qui font appel à des notions nouvelles, différentes de la justice. On ne juge plus : on traite ou on règle. Dans cette nouvelle manière de régler les conflits, la machine tient un rôle prégnant.

Il est vrai que dans l'absolu, une société idéale ne devrait plus compter de tribunaux puisque, dans la société idéale, les hommes sont présumés avoir acquis un tel degré de civilisation et d'éducation qu'ils sont assez grands pour régler leurs conflits eux-mêmes, sans avoir recours à des tiers (juges, avocats et auxiliaires de justice). Avons-nous atteint ce degré de civilisation qui nous permettrait de nous dispenser des juges ? Rien n'est moins sûr. Les « incivilités » se multiplient révélant avant tout un défaut d'éducation et un individualisme excessif. Il est devenu courant d'entendre « *qu'on ne peut plus vivre ensemble* » et que l'individu ne pense qu'à lui. Et nous dressons un curieux constat : depuis une quarantaine d'années, le Ministère de la Justice a invité les justiciables à « *faire valoir leurs droits* » en saisissant des tribunaux, facilité l'accès au droit en permettant les procédures... sans donner en même temps aux dits tribunaux les moyens de rendre la justice. De telle sorte qu'aujourd'hui, les juridictions sont encombrées et qu'on cherche par tous les moyens à vider les tribunaux qu'on a emplis hier...

Si par le passé l'organisation du procès a pu constituer un progrès pour l'humanité (puisque c'est l'invention de la justice qui a mis fin à la vengeance et à la barbarie) il apparaît qu'aujourd'hui sa disparition est orchestrée par le Ministère de la Justice lui-même. Il faut « *désengorger les tribunaux* »[282]aux fins de réaliser à marche forcée des économies ! Il faut « *gérer le stock* » des dossiers non « *traités* » ! S'agit-il d'une grande braderie avant fermeture ? Le message est toujours le même et a été répété comme un leitmotiv depuis plusieurs années : notre société n'aurait plus les moyens de s'offrir une justice digne de ce nom, comme si la justice n'était qu'un produit de luxe qui ne devrait être réservé qu'à une certaine élite de justiciables placés au cœur d'affaires hors-norme aux dimensions spectaculaires. Plus profondément, l'institution judiciaire paraît dépassée : on ne peut plus régler les problèmes d'aujourd'hui avec les solutions ou les instruments d'hier. L'instrument qu'est la justice paraît déjà périmé, obsolète.

La justice paraît aujourd'hui totalement bloquée et n'arrive plus à remplir son rôle. Mais plutôt que de lui donner les

---

[282] Benoit Bastard « *Désengorger les tribunaux* » Sciences humaines Grands dossiers n°44 Septembre 2016

moyens de le faire, on préfère dire aux justiciables d'aller chercher ailleurs la solution à leurs problèmes. Ainsi, tout est fait, depuis quelques années, pour rendre l'accès du tribunal difficile et peut-être ôter au justiciable l'envie d'engager une procédure. Les procédés employés sont simples : supprimer des juridictions aux motifs allégués d'une réforme de la carte judiciaire[283], supprimer des contentieux en invitant les gens à régler leurs problèmes autrement que devant un tribunal[284], inviter les personnes à se concilier à tout prix, émailler les procédures de chicanes pour les rendre difficile et inciter les personnes à les éviter. À titre d'exemple, le décret Magendie[285] a déployé tous les moyens possibles pour dissuader les justiciables d'engager une procédure d'appel. L'appel – qui n'a désormais plus d'effet suspensif et perd ainsi beaucoup de son intérêt[286] – doit être inscrit de façon électronique par un professionnel après paiement d'un droit de plaidoirie élevé : le parcours procédural par-

---

283 Ainsi, par exemple, une réforme a été engagée en 2007 pour se terminer le 31 Décembre 2010 entrainant la fermeture de 17 tribunaux de grande instance et la suppression de 178 tribunaux d'instance.

284 Ainsi par exemple la loi 2019 -222 du 23 Mars 2019 développe la culture du règlement alternatif des différends. Dans le même esprit, le législateur a déjudiciarisé la procédure de divorce par consentement mutuel qui s'effectue désormais entre avocats.

285 Décret 2017-891 relatif aux exceptions d'incompétence V° Réforme de la procédure d'appel : un nouveau bouleversement de la procédure d'appel en matière civile. Site du CNB cnb.avocat.fr. V° Par exemple Christophe Lhermitte avocat : *« La procédure d'appel Magendie. L'appel est le dernier degré de juridiction, de sorte que l'erreur n'est pas permise, les conséquences de la moindre erreur étant extrêmement lourdes et très souvent irrattrapables* » gl.avocats.fr

286 L'appel avait autrefois un effet suspensif : ce qui voulait dire que le jugement attaqué ne pouvait pas être exécuté, tant que la Cour d'appel ne s'est pas prononcée sur la procédure dont elle est saisie. Le jugement frappé d'appel ne pouvait donc être exécuté tant que la cour ne s'est pas prononcée, sauf si le tribunal qui a rendu sa décision avait ordonné exceptionnellement l'exécution provisoire. Seules les ordonnances de référé étaient en principe exécutoires par provision, du fait de la loi. Le décret du 11 Décembre 2019 réformant la procédure civile, inverse le principe : désormais, *« Les décisions de première instance sont de droit exécutoires à titre provisoire, à moins que la loi ou la décision rendue n'en dispose autrement »* (article 514 CPC). Il appartient au juge d'écarter éventuellement l'exécution provisoire (Xavier Labbee Introduction générale au droit PU Septentrion 2020)

semé « *de sanctions drastiques encourues en cas de non-respect des délais* » est à ce point complexe qu'il a engendré un record de déclarations de sinistres chez les avocats... Qui va se risquer aujourd'hui à inscrire un appel dans un tel paysage ? Pourquoi dès lors maintenir le principe du double degré de juridiction ? Ne faut-il pas faire disparaître purement et simplement les cours d'appel ? À quoi vont-elles servir si plus personne n'y va ?

Pour un peu, la politique gouvernementale contemporaine pourrait se résumer ainsi : *« Vous avez une affaire courante, un litige classique ? N'allez surtout pas au tribunal ! »*. Imagine-t-on un ministre de la culture dire aux gens : *« Voulez-vous vous cultiver ? Surtout n'allez pas au Musée » ?* Ou un ministre de la santé dire : *« Vous êtes malade ? N'allez surtout pas à l'hôpital ! »* ?

Il ne faut dès lors pas s'étonner que le naufrage[287] de la justice ait été sérieusement constaté. On aurait pu employer le terme de « suicide ». Et le pire, c'est que personne ne paraît s'en retourner. Il est possible que personne ne regrettera cette institution qui n'a pas été à la hauteur de sa mission. Si la justice est bloquée, il faut s'en débarrasser dès lors qu'on ne la débloque pas. Il ne faut pas conserver des instruments qui sont devenus obsolètes ou inefficaces. Et il faut imaginer autre chose.

La disparition du procès et donc de la Justice comme moyen de règlement des conflits, est en fait bel et bien souhaitée depuis longtemps... par ceux- là même qui auraient dû la rendre.

C'est dans ce contexte que bon nombre d'affaires sont désormais *« réglées »* ou *« traitées »* par des robots ou par d'autres personnes que des juges... mais qu'elles ne sont plus *« jugées »*[288]. Les mots employés sont révélateurs. On parle d'ailleurs aujourd'hui couramment de *« modes alternatifs de règlements des conflits »* ou encore de *« traitement automatisé des affaires »* sans que personne ne s'en émeuve. Comme la

---

[287] Olivia Dufour « *Justice : une faillite française* » LGDJ Coll. forum Mai 2018 ; Olivia Dufour « *Qui sauvera la justice du naufrage ?* » Gazette du Palais 15 Mai 2018 page 44

[288] Rapp : E. Jeuland « *Justice numérique, justice inique ?* » Les cahiers de la justice n° 02 juin 2019 p 193.

quête de justice (au sens où nous l'entendons aujourd'hui) est devenue impossible et que peut-être, en fait, plus personne n'y croit, on préfère régler ses problèmes différemment[289]. Il existe donc d'autres moyens que le recours au juge pour régler un conflit. Il faut « déjudiciariser »[290] et la justice ne servirait donc plus à grand-chose. Un peu comme le silex taillé ou la hache de fer qui ne servent plus à rien et sont au musée comme témoignage d'une autre époque.

La particularité d'un dossier « traité » ou « réglé » mais non « jugé » tient au fait que sa solution est trouvée en dehors de tout procès : le code de procédure (avec son formalisme impératif, ses règles de compétence matérielle ou territoriale et ses délais) devient donc inutile. En plus, une fois la solution trouvée, on ne peut pas la contester : pourquoi et comment ferait on appel d'un dossier qui n'a pas été « jugé » mais simplement « traité » ou « réglé» ? Son autre particularité (qui n'est pas négligeable) est qu'il ne coûte pas grand-chose : un robot travaille jour et nuit gratuitement, ne prend pas de vacances et n'est pas malade. Pourquoi s'en priver ?

Bon nombre de litiges échappent désormais délibérément au juge qui apparaît pour le coup comme la personne qu'il faut à tout prix éviter, d'abord parce qu'il est inaccessible, ensuite parce qu'il est toujours lent et enfin parce qu'il devient surtout imprévisible. Mieux vaut un mauvais arrangement qu'un procès encore plus mauvais[291]. Et d'ailleurs... pourquoi un arrangement serait-il mauvais ? Comme tout cela est bien étrange !

Nous constatons que le procès est bien en train de disparaître. Mais nous pensons que cette disparition correspond à celle de la civilisation et de l'humanité qui sont elles-mêmes progressivement en train de s'effacer. La coïncidence est troublante. Quelle est la place de la machine dans l'actuel « règlement des conflits » ? La justice n'est-elle pas en train de

---

[289] E. Jeuland *Justice numérique justice inique* ? Les cahiers de la justice 02 Juin 2019 p 193

[290] Cour de cassation : « *Les enjeux de la déjudiciarisation* » Colloque organisé le 7 Juin 2019 à la cour de cassation en prolongement de la mission GIP « droit et justice » (direction Sylvie Cimamonti et Jean Baptiste Perrier).

[291] Balzac disait « *Mieux vaut un mauvais arrangement qu'un bon procès* »

disparaître au profit d'une autre notion qu'on ne peut pas pour l'instant décrire ? Il arrivera sans doute un jour où l'on rendra, comme on l'a dit en introduction, « le jugement dernier » avant de fermer définitivement la porte du tribunal. Il nous semble que lorsque la justice et les sciences humaines auront définitivement disparu, l'Humanité aura disparu et nous pourrons entrer alors dans la post-humanité. Pour l'instant, nous observons que cette disparition est en cours de réalisation, tant en matière pénale (Ch.1) qu'en matière civile (Ch.2).

CHAPITRE 1

La disparition du procès pénal est en marche

Nous pensons d'abord que dans la société post-humaine vers laquelle nous nous dirigeons inexorablement, la division tripartite des infractions (en crimes, délits, contraventions) aura définitivement disparu. Il est vrai que cette distinction - qui n'a jamais été modifiée depuis l'instauration du code pénal de 1810 - est devenue pour beaucoup d'auteurs, artificielle[292]. Il nous semble que nous assistons progressivement à l'avènement d'une distinction bipartite beaucoup plus grossière, qui évoquerait celle que l'on opérait sous l'Ancien Régime où l'on distinguait le « grand criminel » du « petit criminel ». On pourrait séparer les affaires simples (qui pourraient selon nous faire l'objet d'un traitement totalement automatisé) de celles qui sont complexes (qui feraient selon nous l'objet d'un traitement médiatisé).

Nous employons encore une fois à dessein l'expression « traitement » et non pas le mot « jugement ». Traiter n'est pas juger[293]. Car nous pensons que les litiges seront « traités » totalement en dehors du tribunal... puisqu'il n'y aura plus de tribunal. Dans la société post-humaine vers laquelle nous nous

---

[292] Frédérique Bartholeyns et Guillain Christine « *La division tripartite des infractions en question* » Journal des Tribunaux Vol 37 p 654-658 (Belgique) ; Christian Mouly « *La classification des infractions dans la législation contemporaine* » R.S Crim 1982 page 4 ; Jean Pinatel Traité de droit pénal et de criminologie Paris Dalloz 2eme Edition 1970 N°128

[293] Xavier Labbee « *Traiter, régler, n'est pas juger... et c'est mieux ainsi* » La Gazette du Palais 15 septembre 2020, N°31, page 11.

dirigeons, il n'y aura sans doute plus de juge. Pourquoi pouvons-nous émettre un tel pronostic ?

Dans la période transitoire que nous traversons, la justice pénale existe encore mais on a l'impression qu'elle n'est qu'en état de survie voire qu'elle dérange. La justice est certes encore présente, mais elle est déjà largement concurrencée par les moyens alternatifs « *de traitement des litiges* » qui s'apprêtent à l'engloutir. Il ne faut pas faire preuve de beaucoup d'imagination pour deviner que bientôt les affaires pénales simples feront effectivement l'objet d'un « *traitement automatisé* » (Section 1) tandis que les affaires complexes feront l'objet d'un « traitement médiatisé » (Section 2)

SECTION 1. LE TRAITEMENT AUTOMATISÉ DES AFFAIRES DITES « SIMPLES »

Nous pouvons placer dans la catégorie des « affaires simples » toutes les infractions purement matérielles (§ 1) ainsi que toutes les infractions susceptibles de faire l'objet d'une transaction pénale (§ 2). Plus profondément, les affaires simples sont, pour nous, celles qui ne donnent pas lieu à instruction. Toutes ces infractions sont d'ores et déjà traitées ou susceptibles d'être traitées en tout ou partie par le robot.

§ 1. Les infractions purement matérielles

Elles sont celles qui, selon Merle et Vitu, « *seraient punissables du seul fait de l'accomplissement de l'action ou de l'omission incriminée par la loi, indépendamment de toute référence à un élément moral quelconque : c'est-à-dire essentiellement les contraventions et les délits contraventionnels* »[294] Le code pénal de 1994 a supprimé la catégorie des délits matériels car désormais tous les délits sont intentionnels[295]. Seules les

[294] Merle et Vitu Traité de droit criminel, Cujas, page 430

[295] Art L 121 -3 « Il n'y a point de crime ou de délit sans intention de le commettre »

contraventions sont aujourd'hui des infractions purement matérielles. La pratique est peut-être plus nuancée, car il demeure que dans beaucoup d'infractions qualifiées de délits, l'élément intentionnel finit par se déduire de l'élément matériel[296]. De telle sorte qu'on peut penser que la catégorie des infractions purement matérielles est en réalité plus importante qu'on ne le dit. Il n'est pas incongru d'imaginer que l'on pourra placer bientôt dans la rubrique des « affaires simples » certains comportements qualifiés aujourd'hui de délits (à l'image du défaut d'assurance automobile ou la conduite automobile sans permis).

Aujourd'hui, le traitement automatisé des infractions routières[297] nous décrit la façon dont sont sanctionnées les conséquences de l'attitude de celui qui contrevient aux règles de la circulation. L'exemple est éclairant car les solutions qu'il procure pourraient être très facilement généralisées à d'autres domaines que celui du code de la route, et aussi - pourquoi pas ? - améliorées.

Pour bien comprendre son originalité, il faut rappeler qu'en principe, lorsqu'une infraction est commise, elle doit être constatée par un officier de police judiciaire qui rédige un procès-verbal au cours d'une enquête préliminaire ou d'une instruction. Si les faits sont établis, l'auteur est poursuivi devant le tribunal dans le cadre d'un procès. Le parquet requiert une sanction, le prévenu éventuellement assisté d'un avocat se défend et le jugement est rendu, authentifié par le greffier et devra être exé-

---

[296] La seule constatation de la violation en connaissance de cause d'une prescription légale ou réglementaire implique, de la part de son auteur, l'intention coupable exigée par l'article 121-3 (cass. crim 7 Mai 1994) Par ailleurs, « nul n'est censé ignorer la loi »

[297] L'agence nationale de traitement automatisé des infractions routières (ANTAI) a été créée par décret le 31 Mars 2011. Elle assure le pilotage des activités du centre national de traitement de Rennes, ainsi que celles du Centre automatisé de constatation des infractions et des services de l'Officier du Ministère public du centre national de traitement. Le « traitement automatisé des infractions peut être défini comme l'ensemble des étapes allant de l'émission d'un message d'une infraction, (un flash de radar ou une verbalisation électronique) jusqu'à l'envoi au contrevenant par la Poste de l'avis de contravention. L'ensemble du processus de traitement est réalisé à Rennes par le centre national de traitement, qui gère leur traitement automatisé » (Wikipédia)

cuté. Ce schéma est celui du règlement judiciaire de l'infraction dans le cadre du procès. Il nous met en présence de tout un ensemble d'acteurs humains (procureur, juge, avocat, greffier, gendarmes, policiers et tout le personnel du palais de justice).

Le règlement automatisé est tout autre puisque le sort de l'infraction commise est alors traité en dehors de tout procès, quasiment en dehors de toute intervention humaine : pas de juge, pas d'avocat, pas de procureur, pas de policier... mais une machine qui « traite » l'affaire d'un bout à l'autre. L'homme n'intervient pas ou peu. Et si d'aventure il intervient, son rôle apparaît purement accessoire à celui de la machine dont il dépend.

Ainsi, le droit positif nous fournit l'exemple déjà ancien du radar autoroutier qui est effectivement capable d'intervenir à tous les stades de l'opération, comme le rappelle le législateur. L'article L 130-9 du code de la route résultant de la loi n°2003-495 du 12 juin 2003, est très net : « *Lorsqu'elles sont effectuées par des appareils de contrôle automatique ayant fait l'objet d'une homologation, les constatations relatives à la vitesse des véhicules, aux distances de sécurité entre véhicules, au franchissement par le véhicule d'une signalisation imposant leur arrêt, au non- paiement des péages, ou à la présence de véhicules sur certaines voies et chaussées ... font foi jusqu'à preuve du contraire. Ces constatations peuvent faire l'objet d'un procès-verbal revêtu d'une signature manuelle numérisée* »

Cet article révèle d'abord que l'infraction au code de la route n'est pas constatée par un OPJ mais par un simple appareil de contrôle homologué. Il nous dit ensuite que le PV est signé par un automate qui appose une « *signature manuelle numérisée* ». Ensuite, c'est la machine qui poursuit le contrevenant en lui proposant de payer l'amende dans un certain délai (le paiement pouvant être fait par télé-règlement). Cette proposition est faite, comme le souligne le texte, par dérogation aux règles classiques de compétence territoriale définies par le code de procédure pénale : pour le paiement de l'amende, l'infraction est « *réputée commise à Rennes* ». En effet, pourquoi ferait-on référence aux principes procéduraux puisqu'il n'y a pas de procès ?

Ce n'est qu'en cas d'hypothétique contestation que le tribunal de police pourra finalement être saisi.

Nous comprenons avec cet exemple que la présence humaine devient tout à coup purement accessoire (sinon fictive). Il y a bien en fin de compte, derrière la machine un officier de police judiciaire humain qui se trouve au centre de Rennes, à l'autre bout du pays et dont la plupart des gens ignorent l'existence... Mais l'on se dit que l'appareil pourrait très bien fonctionner seul, tant le radar autoroutier paraît totalement autonome ; il occupe en tout cas le rôle principal dans l'opération. Celui de l'OPJ devient purement accessoire. Le sujet devient l'accessoire de l'objet, son faire-valoir. Mais une chose est sûre : les OPJ seraient aujourd'hui dans l'incapacité totale de remplir le rôle du radar autoroutier qui ne se trompe pas, travaille jour et nuit et ne demande rien.

Le radar autoroutier n'est pas un juge et d'ailleurs lui faire un doigt d'honneur n'est pas constitutif d'un outrage à agent ou à magistrat, comme le rappelle la jurisprudence : seule une personne peut être victime d'un outrage et le radar n'est (pour l'instant du moins) qu'une machine[298] soumise au droit des biens. Mais c'est une machine qui « *traite* » absolument toute l'affaire d'un bout à l'autre et qui le fait... mieux que l'humain lui-même ! Le texte de l'article L 130-9 nous dresse la liste impressionnante de toutes les infractions routières qu'elle peut détecter (excès de vitesse, dépassements, franchissements de balises ou de stops...). Le nombre de contraventions dressées chaque année se chiffre en dizaines de millions... Aucun humain ne pourrait réaliser une telle performance.

Avec l'arrivée du radar autoroutier, nous avons assisté à l'émergence du traitement automatisé des contraventions, où l'activité de la machine devient principale face à une activité humaine qui apparaît totalement secondaire. Un ministère de la justice soucieux de faire des économies pourrait en toute logique économique, songer à supprimer le tribunal de police : il est vrai que le rôle du juge se réduit le plus souvent à juger les contrevenants qui contestent le bien-fondé de la contravention

---

[298] Xavier Labbee « *Le radar outragé* » Gaz Pal 29 05 2018, p 12.

dressée. Mais pourquoi contester ? L'opération n'est-elle pas risquée ? Le radar peut-il se tromper ? Est-il vraiment possible d'espérer une relaxe devant cette juridiction ? N'est-il pas plus raisonnable de payer l'amende tout de suite ? Le maintien du tribunal de police permet néanmoins de sauvegarder une apparence de justice à tout un système qui lui est devenu de fait, totalement étranger, mais qui n'est peut-être pas plus mauvais pour autant.

Le « traitement » d'une affaire par le radar peut sembler injuste, puisque tous les contrevenants sont traités de la même manière sans pouvoir s'expliquer. Autrefois, on pouvait parlementer avec le gendarme ou le juge. Tout cela est terminé. La machine ignore le principe de personnalité des peines et la sanction est la même pour tous... que l'on soit « puissant ou misérable »[299]. Mais l'objectif poursuivi par la machine n'est pas la justice et d'ailleurs elle ne juge pas : elle traite l'affaire de façon égalitaire. Et puis quelle explication pourrait-on lui donner ? Le radar ne commet pas d'erreur et le « tarif » de la contravention est connu de tous et est le même pour tous. Enfin, pourquoi vouloir « juger » un contrevenant qui, le plus souvent, ne se sent coupable de rien ? Le comportement contraventionnel exclut en effet tout élément moral, toute intention et partant toute notion de culpabilité. Si un fait contraventionnel peut être imputable à une personne, celle-ci ne se sent pas pour autant nécessairement coupable. La machine n'a pas de mission éducative. Elle n'a pas pour but d'apprendre aux contrevenants à bien se conduire ou à respecter les autres. Elle ne donne aucune leçon à l'individu à la différence de ce que pourrait faire un juge à l'audience. Mais elle est simplement d'une très grande efficacité sur la route car en sa présence les conducteurs lèvent mécaniquement le pied tout simplement pour éviter de devoir payer l'amende. Ils adoptent au fond une position robotisée... qui ne fait qu'anticiper l'attitude du véhicule autonome dont l'arrivée

[299] En Finlande, le montant des amendes est calculé en fonction des revenus du contrevenant (ce qui suppose de connecter le radar autoroutier sur le site des impôts) C'est ainsi qu'un automobiliste très fortuné a pu recevoir pour un simple excès de vitesse de 23 Km/heure, une amende de 54 024 euros. Legipermis. Le blog. 29.08.2015

est attendue. Le radar - par osmose - transforme le conducteur en robot. Il est probable que lorsque le véhicule sans chauffeur sera mis en circulation, les radars autoroutiers ne rapporteront plus grand-chose dans les caisses de l'état puisque ce véhicule adaptera automatiquement sa vitesse au parcours suivi. Et nous comprenons aussi pourquoi on ne « juge pas » pénalement un véhicule sans chauffeur qui commettrait, suite à un dérèglement, un excès de vitesse...

Bientôt, le radar autoroutier pourra détecter les personnes circulant sans permis et sans assurance. Ces comportements sont actuellement qualifiés de délits et ils seront soumis au même régime que les contraventions.

Et dans un avenir proche, nous serons soumis à la « justice » des drones, des caméras de surveillance et des logiciels espions qui nous surveilleront au quotidien comme le fait actuellement le radar autoroutier. Différents projets de textes ont d'ailleurs été déposés qui nous montrent que tôt ou tard son exemple sera généralisé : ainsi, pourquoi un drone ne pourrait-il repérer les infractions au code de l'urbanisme[300]? Pourquoi en matière bancaire, un logiciel ne pourrait-il transmettre à Tracfin - hors la présence du banquier - les opérations bancaires dépassant un certain seuil[301] ? Pourquoi une caméra de surveillance ne pourrait-elle, au bénéfice d'un système de reconnaissance faciale[302],

---

[300] Sur la question d'un sénateur, le ministre de la cohésion des territoires précise le 11 Janvier 2018 que constater une infraction aux règles de l'urbanisme sur une propriété privée à l'aide d'un drone peut-être illicite si la zone contrôlée n'est pas accessible aux regards. (Question écrite n°01 425 de Monsieur Jean Louis Masson (Moselle) Réponse du ministre de la Cohésion JO Sénat 11.01.2018 page 94 : on déduit que si le constat n'est pas recevable comme moyen de preuve, il n'en demeure pas moins que le Maire qui a connaissance d'une infraction commise par un propriétaire indélicat peut en faire dresser procès-verbal, en s'appuyant par exemple sur le droit de visite décrit à l'article L 480-1 ...

[301] L'article L 561-2 du code monétaire et financier fait obligation aux établissements bancaires de transmettre à Tracfin les éléments relatifs aux opérations de transmission de fonds effectués à partir d'un versement d'espèces ou au moyen de monnaie électronique.

[302] En Chine, la reconnaissance faciale est obligatoire depuis décembre 2019. Les personnes qui achètent un téléphone portable dans une boutique du pays doivent accepter de se faire enregistrer par cette technologie. Leurs données

constater et poursuivre celles ou ceux dont l'attitude n'est pas conforme à la norme établie ? Déjà, dans les grandes villes, de telles caméras ont été autorisées à pratiquer la « vidéo-verbalisation » pour une série d'infractions routières encore plus large que celle que nous avons étudiée (défaut de casque, défaut d'assurance, téléphone au volant). Il est vrai qu'un radar peut indifféremment détecter une plaque d'immatriculation ou un visage, dès lors que l'ensemble des visages des personnes habitant un pays est enregistré. Pourquoi ne pourrait-il détecter les étrangers non titulaires d'un permis de séjour ? Et pourquoi une caméra espion ne pourrait-elle poursuivre celles et ceux qui ont, chez eux en leur domicile, un comportement répréhensible, en consultant par exemple des sites interdits ou en faisant commerce sur le darknet ? La vente de « logiciels espions » serait devenue banale... car la pratique de l'espionnage serait également devenue courante même si la vie privée reste en principe toujours protégée... Alors pourquoi ne pas permettre en l'encadrant, l'usage de caméras-espions ?

Dans un système de traitement automatisé des comportements contraventionnels, la machine remplace l'humain : il n'y a quasiment plus d'OPJ, de juge, d'avocat, de greffier... et plus de palais de justice du tout. La question du « *désengorgement* » de la juridiction ne se pose donc pas... car il n'y a quasiment pas d'activité judiciaire. Il n'y a donc plus d'erreur judiciaire. On ne juge pas une contravention : on la traite. On observe d'ailleurs que l'Agence Nationale de traitement automatisé des infractions routières (ANTAI) ne dépend pas du ministère de la justice mais du ministère de l'Intérieur. Le traitement des contraventions routières n'est finalement plus, à titre principal, une affaire de justice.

---

sont alors conservées comme correspondant au numéro. (V° par exemple 20 Minutes 2.12.2019 «*La reconnaissance faciale est désormais obligatoire avant d'acheter un smartphone* ») V° de façon générale Martin Untersinger *« La reconnaissance faciale, des promesses et des risques »* Le Monde 20 Février 2020.

Et il est remarquable de constater que le principe du traitement automatisé est largement accepté par la population[303]. C'est la raison pour laquelle il n'est pas incongru de penser que le tribunal de police finira peut-être par disparaître et que le domaine contraventionnel sera confié à la machine.

§ 2. Les infractions susceptibles de faire l'objet d'une solution pénale transactionnelle

Elles peuvent également révéler des « affaires simples » qui pourraient être, sans effort excessif, « traitées de façon automatisée ».

L'objectif de la transaction pénale est par définition d'éviter le procès (et donc la rencontre de la personne poursuivie avec un juge et son greffier, un procureur, un avocat dans une salle d'audience d'un palais de justice). On pourrait certes s'étonner qu'un accord puisse être conclu entre la société et le prévenu pour éviter un procès : l'article 6 du code civil n'édicte-t-il pas que l'on *« ne peut déroger par conventions aux règles qui intéressent l'ordre public et les bonnes mœurs »* ? Le droit pénal n'est-il pas la matière d'ordre public par excellence ? Beaucoup d'auteurs se sont autrefois élevés contre l'idée même de pouvoir rédiger une transaction en matière pénale, tant la chose peut apparaître incongrue... L'image d'un procureur proposant au prévenu un arrangement pour lui éviter d'aller au tribunal n'est-elle pas, par essence, étrange ? Une infraction qui ne donne pas lieu à sanction ni à comparution devant le tribunal est-elle encore bien une infraction ?

Et puis le temps a passé et la pensée a évolué. La contractualisation a imprégné progressivement les esprits, dans tous les domaines du droit. Une idée nouvelle est apparue : mieux vaut s'arranger que de faire un procès. L'accord contractuel est préférable à la solution contentieuse. Mais du même coup, c'est

---

303 On rappellera néanmoins que lors des mouvements de revendication des « gilets jaunes » les radars autoroutiers ont été violemment pris à partie par les manifestants : une grande partie d'entre eux ont été détruits. Le gouvernement a promis de les remplacer par des radars encore plus perfectionnés.

toute la symbolique du procès qui disparaît : on peut craindre d'être jugé publiquement. Et cela peut susciter chez celui qui s'apprête à être jugé une introspection. Le procès peut avoir en lui-même une vertu thérapeutique parce qu'on s'y prépare parfois dans la l'angoisse ou la peur. En revanche, le délégué du procureur qui propose un arrangement ne fait peur à personne puisque l'on sait qu'il est là pour proposer un accord aux fins que la comparution devant le juge soit évitée[304]. Nous observons que l'une des premières tâches du Garde des Sceaux Eric Dupond Moretti a été de créer une série de nouveaux postes de « *délégués du procureur* » (et non pas de juges) aux fins de trouver des « *solutions rapides et immédiates* » « *de proximité* » au phénomène grandissant des incivilités. On « règle » les problèmes sans les juger parce que la justice est trop longue et qu'il faut à tout prix l'éviter. Il ne s'agit pas de « justice de proximité » mais plutôt de « police de proximité »[305].

Et c'est ainsi que la procédure pénale contemporaine - toujours soucieuse du bien être des juridictions - nous offre plusieurs solutions contractuelles à peu près identiques dans leur esprit, qui vont permettre à l'auteur d'une infraction (pas nécessairement minime) d'échapper au tribunal : il s'agit de la nouvelle « *convention judiciaire d'intérêt public* » (article 41-1-2 du CPP[306]) pour les personnes morales coupables de certaines infractions, de la « *composition pénale* » (art 41-2 CPP)[307] et du « *plaider coupable*[308] ».

---

[304] Dans le même ordre d'idées, le juge des enfants statuant en audience de cabinet, ne fait peur à personne (et surtout pas aux enfants) puisque l'on sait qu'il ne peut pas prendre de mesures privatives de liberté.

[305] Circulaire du 1er octobre 2020 du Garde des Sceaux mise en ligne le 13 Octobre 2020.

[306] Issu de l'ordonnance n°2019-964 du 18 Septembre 2019 modifiée par la loi 2020-1672 du 24 Décembre 2020. La convention judiciaire d'intérêt public remplace la « transaction pénale » et vise essentiellement les infractions de corruption active ou de trafic d'influence art 433-1 et suiv), ainsi que les infractions définies au code général des impôts comme le blanchiment

[307] La composition pénale, revisitée par la loi n° 2021-401 du 8 avril 2021, .est possible lorsque la personne reconnait avoir commis « *un délit puni à titre de peine principale d'une amende ou d'une peine d'emprisonnement punie d'une durée inférieure ou égale à cinq ans ainsi que le cas échéant une ou plusieurs contraventions connexes* »... Elle consiste « *en une des mesures suivantes :*

Ces procédés ont effectivement pour conséquence d'éviter le procès correctionnel par définition trop long et trop lourd. Tout est fait en pratique pour inciter le délinquant occasionnel à accepter l'accord qu'on lui propose aux fins qu'il n'aille surtout pas voir le juge qui ne ferait qu'alourdir la condamnation. A-t-on encore besoin du juge ?

Logiquement, ces accords devraient pouvoir se faire en dehors du palais de justice. Mais - et c'est là le paradoxe - pour l'instant il n'en est rien. La personne qui accepte l'arrangement proposé par le procureur doit quand même se rendre au palais de justice aux fins de rencontrer un magistrat, délégué du président du tribunal judiciaire, qui entérinera, dans le cadre d'une audience spécifique, la convention passée. Ce juge a d'ailleurs un rôle un peu mécanique puisqu'il homologuera en fait, lors de cette audience, des dizaines de conventions identiques.

Pourquoi ne pas imaginer un traitement automatisé de la convention judiciaire d'intérêt public, de la composition pénale et du « plaider coupable » ?

Dans la mesure où l'on ne remet pas en cause le principe selon lequel le procureur peut proposer un arrangement au délinquant pour ne pas encombrer le tribunal, et dans la mesure également où l'on donne au délinquant la possibilité de réfléchir à la proposition qu'on lui fait en se faisant assister éventuellement d'un avocat, la seule acceptation de la solution transactionnelle, qui pourrait être donnée par acte d'avocat dématérialisé, devrait suffire : pourquoi alors monopoliser une salle du palais de justice, un juge et un greffier pour une audience d'homologation qui pourrait être supprimée tant elle est purement formelle ? Il nous semble que le document validant la composition ou la convention pourrait être simplement revêtu de la signature électronique du président du tribunal.

---

verser une amende... remettre son véhicule... remettre son permis... suivre un programme de sensibilisation... etc. » (art 41-2 du code proc. pen)

[308] Art 495-7 du C. proc. pen : « Pour tous les délits, à l'exception ... des délits d'atteinte volontaire ou involontaire à la personne et d'agressions sexuelles lorsqu'ils sont punis d'une peine supérieure à cinq ans, le procureur peut... recourir à la procédure de comparution sur reconnaissance préalable de culpabilité... »

L'opération pourrait être conclue d'ordinateur à ordinateur par la grâce du RPVA.

On peut s'étonner que cette solution pragmatique n'ait jamais été proposée : pourquoi inviter les personnes à venir au tribunal dès lors qu'on leur propose un arrangement pour éviter qu'ils n'y viennent ? Pourquoi ne pas automatiser l'audience d'homologation puisque le magistrat qui la tient se comporte déjà un peu comme un robot ?

Et pourquoi ne pas remplacer, au bout de la chaîne, le bureau d'exécution des peines par un robot distributeur ? Le B.E.X a été instauré par la 2004-204 du 9 Mars 2004 dite « loi Perben » ; l'un de ses objectifs est d'encourager le paiement de l'amende prononcée par le tribunal dans le mois du prononcé de la décision, en accordant une remise immédiate de 20 pour cent de son montant. Un terminal est prévu auprès de chaque tribunal pour permettre le paiement par carte bancaire. On ne peut s'empêcher de se dire que la justice est devenue vraiment sympathique : non seulement on peut s'arranger avec elle mais en plus on a une ristourne quand on paye tout de suite ! Mais sommes-nous bien encore dans le domaine de la justice ? Ou sommes- nous finalement tombés dans celui de l'absurde ?

Nous pouvons donc prédire, sans faire preuve d'une imagination excessive, que dans la société post-humaine, les affaires simples seront pratiquement entièrement traitées par le robot, dans une ambiance où les notions de justice et de culpabilité seront absentes. Et le pire, c'est que tout ira sans doute très bien. *« Il faut imaginer Sisyphe heureux »* disait Camus[309]. Mais demeurent les affaires « complexes ». Comment seront-elles traitées ?

---

[309] Dans « Le mythe de Sisyphe » publié en 1942, Albert Camus introduit sa philosophie de l'absurde « la recherche en vain de sens de l'homme, d'unité et de clarté, dans un monde inintelligible, dépourvu de Dieu et dépourvu de vérités ou valeurs éternelles. La prise de conscience de l'absurde nécessite-t-elle le suicide » ? *« Non, elle nécessite la révolte »* répond Camus.

SECTION 2. LE TRAITEMENT MÉDIATISÉ DES AFFAIRES COMPLEXES

Les affaires complexes sont traditionnellement celles pouvant donner lieu à information, comme en matière de crimes ou de certains délits. Elles sont devenues aujourd'hui beaucoup plus angoissantes qu'elles ne l'étaient hier, au bénéfice peut-être de l'ambiguïté que révèle le mot « information » qui a maintenant deux significations totalement contradictoires : nous distinguerons l'information judiciaire de l'information médiatique.

L'information judiciaire est guidée par les principes directeurs du procès pénal qui s'imposent à ses acteurs et qui n'ont d'autre but que de protéger les libertés individuelles. Nous allons les rappeler (§ 1) L'information médiatique semble guidée, au contraire, par des principes inverses qui n'ont d'autre objectif que de rendre des comptes au public, quitte à broyer l'individu (§ 2).

§ 1. L'information judiciaire

Le procès pénal que l'on connait encore aujourd'hui reste dominé par quelques grands et beaux principes. Le premier dicte qu'on ne peut pas se faire justice à soi-même en cherchant à se venger. Ce qui veut dire que lorsque l'on est victime d'une infraction, il faut déposer une plainte entre les mains du parquet. C'est la règle. Le procureur de la République, saisi de la plainte, a la possibilité d'exercer des poursuites. Si l'affaire est complexe, il peut demander l'ouverture d'une information : un juge d'instruction est alors désigné. Ce juge du siège, indépendant des parties, informera à charge et à décharge, aux fins de rechercher la vérité objective. Le second principe est que l'instruction doit être menée en secret, en raison du respect de la présomption d'innocence : tant qu'une personne n'a pas été déclarée coupable par un tribunal, elle est présumée innocente. Et le rôle du droit pénal est de protéger la personne poursuivie contre toute accusation hâtive. Il n'y a rien de pire que d'accuser et de condamner un innocent. Et l'on part du principe qu'il vaut mieux prendre le risque de ne pas punir un coupable que de condamner un innocent. Rien n'est plus grave que l'erreur judiciaire en matière pénale.

C'est pourquoi on donne à l'individu un certain nombre de droits pour le protéger pendant l'information. Ces droits figurent en bonne place parmi les « droits de l'Homme » et ont été acquis pour la plupart à la Révolution française. Ils relèvent des principes du droit au procès équitable : droit d'avoir un avocat, droit de se taire, droit d'avoir accès au dossier, droit de demander une confrontation, droit de contester les décisions du juge d'instruction, présomption d'innocence... La procédure pénale a été créée pour protéger l'individu contre l'accusation hâtive. Elle a aussi mis fin à la pratique de la torture qui était fréquente sous l'Ancien Régime : en ce temps-là, on torturait pour obtenir des aveux (l'aveu étant la reine des preuves en matière pénale). C'est par la grâce des philosophes des Lumières et de penseurs comme Cesare Beccaria que l'on a abandonné cette pratique barbare, indigne d'une société civilisée.

Dans la période transitoire que nous connaissons, on ouvre encore une information judiciaire pour les crimes et certains délits. Mais cette information judiciaire est aujourd'hui concurrencée (sinon polluée) par l'information médiatique qui paraît obéir à une logique inverse. Elle est du coup renvoyée la plupart du temps au second plan. De telle sorte que plus personne ne comprend où se trouve la justice. Et l'on finit par s'étonner qu'un juge puisse dire l'inverse de ce qui a été annoncé, dit ou écrit antérieurement dans un journal. Et pire encore, qu'il puisse relaxer quelqu'un qui a été médiatiquement condamné. N'est-ce pas suspect ? Le public ne retient en effet le plus souvent que ce qui a été médiatiquement décidé. De telle sorte que la justice peut manquer son objectif.

Nous craignons que cette information médiatique ne devienne le seul moyen de régler les affaires les plus graves dans la société post-humaine qui nous attend bientôt. Et qu'une affaire finisse par être jugée en fonction du nombre de *followers* apparaissant sur le Net.

§ 2. L'information médiatique

Le mot information n'est plus utilisé aujourd'hui comme synonyme « d'instruction menée par un juge ». Il signifie au contraire « information du public ». Cette nouvelle définition fait surgir de nouveaux acteurs qui tendent à concurrencer sinon à remplacer, les acteurs habituels du procès. Et du coup, les principes directeurs du procès pénal sont oubliés. Ils n'ont d'ailleurs pas lieu à s'appliquer puisque nous ne sommes pas dans le cadre du procès. En revanche, l'information médiatique paraît obéir à des principes rigoureusement inverses de ceux qui guident l'instruction. Nous réunirons sous le pavillon « médiatique » tout ce qui concerne les medias (la presse écrite et audiovisuelle, mais également internet et les réseaux sociaux)

La nouvelle culture des médias semble dicter d'abord aujourd'hui *« qu'il n'est plus interdit de se faire justice à soi-même »*. La chose peut s'expliquer peut être par le fait que l'institution judiciaire n'est plus là pour la rendre convenablement.

En effet, pourquoi déposer une plainte entre les mains d'un procureur puisque la plupart du temps, l'affaire serait, selon des statistiques qui confirmeraient une opinion largement répandue, « classée sans suite »[310] lorsqu'elle n'est pas portée aux ou-

[310] « En France selon un rapport du Sénat, depuis la fin des années 1980 « *le taux de classement sans suite a fortement progressé. En effet, il s'élevait à 69 % en 1987, puis a franchi la barre des 70 % à partir du début des années 80 pour atteindre 80 % en 1995* » (taux de classement sans suite *www.senat.fr)* mais ces statistiques ne seraient pas révélatrices car le *« principal dispositif statistique des juridictions pénales ne relève pas la nature des affaires traitées par les Parquets ni les motifs des classements sans suite »*. (Taux de classement sans suite : www.senat.fr) D'après la direction des affaires criminelles et des grâces, ceci est dû au fait que « *chaque tribunal possède sa propre table de nature d'affaires et de motifs de classement. Ce manque d'uniformisation des statistiques interdit la production d'une statistique à partir d'extractions des données enregistrées dans les différentes applications informatiques des tribunaux* ». Et puis « *la grille des motifs de classement ne tient pas compte des alternatives à la poursuite puisqu'elle les assimile à des mesures de classement sans tenir compte de l'obligation de faire imposée au prévenu (...)* » Une étude a de plus conclu que *le « motif du classement est invoqué de façon parfois étrange par rapport au circuit de traitement ou au contenu du dossier. L'obligation (pour des besoins*

bliettes ? L'obligation de dénoncer les crimes et les délits[311], ou d'effectuer un signalement auprès des autorités, ne semble plus utile. Il est plus simple - et surtout plus efficace - de « balancer » celui ou celle dont on se dit victime, sur un site approprié et de le faire - pourquoi pas - de façon anonyme pour être tranquille. La fondatrice du mouvement « Balance ton porc », condamnée en première instance pour diffamation, a été relaxée en appel[312] A-t-on donc le droit de « *balancer* » impunément ? Est-ce bien ce que sous-entend l'arrêt ? Et puis de nouveaux acteurs apparaissent, qui semblent déployer beaucoup de zèle dans l'entreprise de dénonciation : le lanceur d'alerte (qu'on aurait volontiers appelé « délateur » il y a peu de temps encore, tout simplement parce que son activité - qui consiste à dénoncer autrui - peut apparaître fondamentalement détestable) voit désormais sa mission encadrée par le législateur[313] qui le trans-

---

informatiques) de cocher un motif de classement sur un imprimé rend cette opération quelquefois artificielle, voire dénuée de tout fondement (Ce type de *mise en demeure* de faire s'est développée à partir du début des années 1990 et est en progression : *de 37.649 en 1992, elles sont passées à 90.128 en 1996. Ce mode de traitement est donc loin d'être négligeable. À titre de comparaison, pour la même année, 43 671 affaires ont été orientées vers l'instruction.* Selon cette même étude[3], 36,4 % des dossiers comprenant au moins une infraction et un auteur (conditions pour que des poursuites soient envisageables) ont donné lieu à un règlement amiable ou une régularisation de la situation ». (www.senat.fr)

[311] L'article 40 du code de procédure pénale impose l'obligation *« pour toute autorité constituée, tout officier public ou fonctionnaire, dans l'exercice de leurs fonctions* » de signaler les crimes ou délits dont il a connaissance »

[312] Le Monde 31 Mars 2021 *« Balance ton porc : la condamnation de Sandra Muller infirmée en appel »*

[313] La loi 2016-1691 du 9 Décembre 2016 encadre désormais l'activité de lanceur d'alerte. Celui-ci est défini comme *« toute personne physique qui signale, de manière désintéressée et de bonne foi, un fait dont il a eu personnellement connaissance et qui constitue notamment un crime ou un délit, une menace ou un préjudice grave pour l'intérêt général, ou une violation grave et manifeste d'un engagement international* » (article 6) L'alerte doit d'abord être signalée à l'autorité hiérarchique. Puis, si aucune suite n'est donnée dans un délai raisonnable, l'alerte pourra être signalée à l'autorité judiciaire. Mais si l'information ne reçoit toujours pas de suite, alors l'alerte peut être rendue publique (article 8). En cas de danger grave ou imminent, l'alerte peut être immédiatement rendue publique. La loi crée en faveur du lanceur d'alerte un fait justificatif du délit de violation du secret

forme parfois en chasseur de primes ... puisqu'un lanceur d'alerte peut même être rémunéré[314] par l'administration pour les renseignements qu'il obtient, souvent au prix de la trahison d'un ami, d'un employeur... Ces nouvelles pratiques - qu'on a le droit de juger méprisables - ne font peut-être que témoigner de l'échec de l'institution judiciaire et de sa disparition progressive. La délation semble institutionnalisée et entre dans les mœurs. Comme on ne peut plus compter sur le procureur pour écouter les plaintes... on se dit qu'il faut tout faire soi-même ! Pour un peu, le procureur deviendrait l'agent du lanceur d'alerte.

L'administration fiscale de son côté peut user de la technique anglo-saxonne du *« name and shame »* (nommer et couvrir de honte) et placarder (sans autre forme de procès) les noms des contribuables qui cherchent à échapper à l'impôt. Pourquoi s'arrêter au droit fiscal ? La technique n'est pas sans rappeler le pilori du moyen âge.

Et pourquoi s'adresser à un « petit » juge d'instruction que l'on a plaint dans sa solitude[315] (et donc dans son incapacité à traiter une affaire) et dont on a souvent dénoncé publiquement les erreurs[316] ? N'est-il pas plus efficace de se confier à un journaliste d'investigation, dont le devoir est d'informer le public de tout ce qu'il apprend ? Alors qu'une personne mise en cause devant un juge peut accéder à son dossier, un journaliste peut

---

professionnel. Il bénéficie d'une protection contre les représailles professionnelles et le secret de son identité est également préservé.

[314] La loi 2018-898 du 23 Octobre 2018 permet la « *rémunération de l'aviseur fiscal* » V° « *L'arrivée de la procédure d'indemnisation des lanceurs d'alerte fiscaux en droit français* ». Le petit juriste 24 Août 2017.

[315] Le « petit » juge Lambert a fini par se suicider le 11 Juillet 2017... Aurait-il connu la même fin si l'instruction de l'affaire Vuillemin s'était faite dans le secret, à l'abri des regards de la presse ? Une chose est sûre : le juge Lambert ne s'est pas autoproclamé « petit » : c'est la presse qui lui a donné ce sobriquet ridicule qu'il a porté toute sa vie. (« *Affaire Grégory le juge Lambert a été victime d'un lynchage, selon sa veuve* » 25 Janvier 2018 lexpress.fr)

[316] L'affaire d'Outreau fut décrite comme le « naufrage » de la justice. Toute la presse a crié « Haro sur le juge Burgaud ». N'aurait-il pas été préférable de respecter le secret de l'instruction ?

garder le secret de ses sources[317] et ne pas révéler l'origine des informations qu'il détient et divulgue. Ce secret constituerait la garantie de la liberté de la presse. Alors que l'interrogatoire devant le juge obéit à des principes protecteurs (droit d'avoir un avocat, de se taire, d'être confronté aux témoins...) on ne trouve semble-t-il rien de tel dans l'interrogatoire mené par le journaliste, qui peut d'autant mieux surprendre son interlocuteur qu'il l'interroge parfois en public. Dans la justice médiatique, il n'y a plus de secret de l'information et il n'y a plus de présomption d'innocence : une personne mise en cause par la presse est bien souvent présumée coupable dans l'esprit des lecteurs et des auditeurs[318]. Comme le dit le proverbe, il n'y a pas de fumée sans feu. L'affaire d'Outreau ne fut-elle pas d'abord un échec de l'information médiatique avant d'être un échec de l'information judiciaire[319] ?

Les médias - dont le rôle devrait - selon nous - se limiter à commenter les décisions de justice une fois qu'elles sont rendues mais surtout pas avant - n'hésitent pas à intervenir avant même la saisine de la juridiction ou du parquet. Il n'est pas rare de voir un plaignant donner une large publicité à une plainte simplement déposée... Comme si le seul fait de déposer plainte suffisait à établir la culpabilité. Et les médias suivent... Ce jeu est mortel pour la justice comme il peut l'être pour celui qui se voit accusé publiquement. Il confirme l'instauration de la « présomption de culpabilité ». On peut, peut-être, l'expliquer par l'incapacité du système judiciaire traditionnel à remplir son rôle.

Cette information médiatique qui paraît se développer le plus souvent au plus grand mépris des droits de l'Homme, a restauré - dans l'indifférence générale - la torture au sens où on

---

[317] Article 10 de la Convention européenne des droits de l'homme. Et recommandation 1950 (2011) sur la protection des sources d'information des journalistes.

[318] François Jost *« Vous avez dit présomption d'innocence ? »* larevuedesmedia.ina.fr

[319] Alexandre Pouchard *Comment l'affaire d'Outreau a ébranlé la justice française* ? Le Monde 19 Mai 2015. Basile Ader *L'affaire d'Outreau et la responsabilité des médias,* 1er Mai 2006, Legipresse.com n°231.

l'entendait sous l'Ancien Régime. Il ne s'agit pas de torture physique mais de torture morale : l'objectif de l'information médiatique et de celui qui la provoque n'est pas d'informer le public (qui n'a le plus souvent rien demandé) mais de détruire tout de suite la réputation d'une personne par de simples allégations. Il peut être aussi de faire « craquer » l'individu en le forçant à avouer. Ou en opérant sur lui un chantage. Ce souci de livrer en pâture une personne présumée innocente à un public avide de scandales, souvent habité par la jalousie, la haine ou la vengeance, révèle une société primitive ou décadente (on songe aux jeux du cirque à Rome au cours desquels on livrait un martyr aux lions, où encore à ces femmes qui furent livrées à la justice des apprentis-coiffeurs à la Libération). Le pouvoir destructeur des medias est tel qu'il renvoie dans les cordes les acteurs classiques du procès pénal... qui parfois innocenteront (mais souvent après plusieurs mois d'instruction) celui ou celle qui a été injustement accusé sur la scène publique. La société contemporaine n'est plus sensible à l'erreur judiciaire qu'elle ne songe plus véritablement à réparer : la liste des personnes qui ont été médiatiquement détruites (et donc détruites... Comment retrouver l'honneur perdu ?) après une accusation jugée injuste serait impressionnante si on la dressait : on songe évidemment à certaines « personnalités » (DSK a été relaxé par le tribunal correctionnel de Lille[320] et n'a pas été condamné par la justice américaine, le Cardinal Barbarin a été relaxé par la cour d'appel de Lyon[321], David Hamilton n'a pas supporté l'accusation publique et préféra se suicider[322], Pierre Joxe portera plainte pour

---

320 Catherine Fournier « *DSK relaxé : l'affaire vole en éclats* » www.francetvinfo.fr 12 Juin 2015 ; A.G « Quel avenir pour DSK relaxé ? On peut parler d'honneur perdu » estime Yvan Levai sur BFM TV » 12.06.2015 www.bfmtv.com

321 Le cardinal Barbarin, relaxé par la cour d'appel de Lyon et contre qui le Ministère public n'avait pas réclamé de sanction en première instance, a présenté sa démission au Pape (alors que celui-ci l'avait dans un premier temps refusée) marqué à jamais « *par quatre années d'une procédure éprouvante* ». Il publiera un livre « *En mon âme et conscience* » (Plon) 2020 309 pp.

322 Le Point.fr avec AFP 25 Novembre 2016 « *La thèse du suicide privilégiée* »

diffamation[323] après avoir été publiquement accusé, Nicolas Sarkozy invoquera « cinq non-lieu » et dénoncera un acharnement judiciaire.... Et on ne peut pas dresser la longue liste des personnes majeures ou mineures inconnues du public, qui ont néanmoins été harcelées, menacées de chantage, puis détruites par des accusations lancées gratuitement sur le Net[324] par la voie des réseaux sociaux. On parle souvent des erreurs judiciaires. Mais parle-t-on des erreurs médiatiques ? Que faut-il penser du procédé ? La fondatrice du mouvement « balance ton porc » a été condamnée en première instance pour diffamation mais elle a été relaxée en appel. Que veut dire l'arrêt de la cour ? La dénonciation publique est-elle aujourd'hui admise sous certaines conditions[325] ?

L'information médiatique nous paraît obéir à des principes radicalement opposés à ceux qui guidaient l'information judiciaire et qui ont fait pourtant l'honneur de la procédure pénale baignée d'humanisme. Mais c'est peut-être elle qui prévaut aujourd'hui... et les tribunaux parviennent bien mal à la contenir ou l'endiguer. Force est de constater qu'elle est d'une grande efficacité. Part- on de l'idée qu'il vaut mieux punir médiatiquement quelqu'un qui n'est peut-être pas coupable pour satisfaire le public informé, que de donner l'impression de laisser courir au bénéfice du doute celui qui l'est ? L'information médiatique va refléter le besoin d'un public avide d'obtenir une réparation immédiate du trouble causé. Il faut satisfaire ce besoin tout de suite et la justice – qui nécessite par définition du temps pour mener une instruction à l'issue incertaine - n'est pas là pour répondre. Il ne sera bientôt plus possible de conjuguer l'information judiciaire et l'information médiatique.

L'utilisation des media et d'Internet pour informer le public s'exerce toujours sous couvert de la liberté (de la presse,

---

[323] *L'écrivaine Ariane Fauria accusée de diffamation envers Pierre Joxe* l'express.fr 22 janvier 2020

[324] À l'image de la jeune Mila Mattea Battaglia « L'affaire Mila expliquée : insultes contre l'Islam, menaces contre une lycéenne et réaction politique « maladroite » Le Monde 29 Janvier 2020 ;

[325] « *La condamnation de la journaliste Sandra Muller infirmée en appel* » Dalloz Actualité du 28 Avril 2021

d'opinion, de parler...) mais elle témoigne aussi de l'inhumanité de la société actuelle qui ignore la pitié, la grâce et le pardon, et préfère assouvir son désir de vengeance par la voie d'internet qui lui permettra d'obtenir une satisfaction immédiate, plutôt que de s'en remettre à la justice : ce sont les sociétés primitives et barbares et non pas les sociétés civilisées qui ont eu par le passé recours à la vengeance.

Les rapports entre les post-humains ne seront-ils pas marqués par la violence ? Il n'y aura plus de droits de l'homme dans la post-humanité tout simplement parce qu'il n'y aura plus d'humains. Il faudra donc inventer un autre système, fondé sur d'autres principes qu'il restera à découvrir et à créer.

Il n'est d'ailleurs pas non plus impossible que dans la société post-humaine, les sentiments de culpabilité, de honte, de remords (qui sont aussi des sentiments humains, relevant de la conscience humaine, dérivant du péché) auront également disparu au profit, peut-être, d'une notion plus floue « d'écart de conduite » ou seul importera l'élément matériel de l'acte qu'un robot pourra sanctionner de façon objective et neutre. Le post-humain aura-t-il encore une conscience ? Infligera-t-on une sanction pénale au véhicule autonome (vide de tout conducteur) qui renversera un humain égaré ? Et si oui laquelle ?

Et saura-t-on encore pardonner dans la post-humanité ?

CHAPITRE 2

La disparition du procès civil est en marche

La politique de « désengorgement des tribunaux » a conduit l'autorité à supprimer toute une série de contentieux : en agissant ainsi, on empêche une juridiction de se remplir. Et peu importe que par un principe de vases communicants, d'autres institutions, qui n'avaient rien demandé à personne, se retrouvent encombrées. Les affaires civiles ne seront plus « jugées » mais elles seront- comme les affaires pénales - « traitées » ou « réglées » par d'autres instruments que la justice. Les affaires civiles simples feront l'objet d'un traitement automatisé. Les affaires complexes feront l'objet d'un « règlement amiable »

§ 1. Le traitement numérisé de l'injonction de payer

La procédure d'injonction de payer est une procédure d'une grande simplicité, généralement utilisée par les créanciers qui disposent d'une créance incontestable et qui n'ont pas été réglés : elle consiste à déposer une requête au juge aux fins de solliciter une ordonnance faisant injonction au débiteur de payer. L'ordonnance est rendue au vu des pièces produites par le demandeur. Le défendeur a la possibilité de contester l'ordonnance en inscrivant une opposition aux fins d'établir un débat contradictoire devant le juge.

Comme il y a par an environ 500 000 ordonnances rendues, la loi de programmation 2018-2022 a réformé cette procédure, d'abord en centralisant devant un tribunal national unique toutes les requêtes qui devront nécessairement être présentées sous forme dématérialisée lorsque sont déposées par un avocat, et dès lors que l'intérêt du litige ne dépasse pas 10 000 euros (sachant que statistiquement, quatre pour cent des dossiers font l'objet d'une opposition)[326]. L'entrée en vigueur du texte[327] organisant la création du tribunal unique, initialement prévue au 1er Janvier 2021, a néanmoins été différée au 1er septembre de la même année.

Il semble qu'en pratique, les dossiers seront traités par le greffe (de façon dématérialisée). Seul le contentieux de l'opposition sera traité par un juge : mais si la procédure est dématérialisée, les parties ont la possibilité de demander au juge de statuer sans audience préalable, dans un but de célérité. Pourquoi s'encombrer d'une audience[328]? Le juge devient un être inaccessible.

Cette façon de traiter l'injonction de payer nous semble directement inspirée du droit contraventionnel routier précédemment étudié, centralisé à Rennes. Est-ce un progrès ?

§ 2. Les affaires civiles simples objet de traitement automatisé

Le traitement automatisé des affaires civiles est bien en marche : on l'associe aujourd'hui à la notion de « justice prédictive » (qu'il serait plus juste d'appeler « justice prévisible »)[329]. Elle part de l'idée que la machine désormais intelligente peut se substituer à l'homme et qu'elle fait d'ailleurs mieux que lui.

---

[326] Coustet Thomas Dalloz Actu 19 Avril 2018 *« injonction de payer : la future procédure dématérialisée suscite l'inquiétude »* ; Sébastien Salles « *La réforme de la procédure d'injonction de payer* » village-justice.com

[327] Loi 2020-734 du 17 Juin 2020

[328] Coustet Thomas « Injonction de payer : la future procédure dématérialisée suscite l'inquiétude » Dalloz actualités 19 Avril 2018 ; Pinat Cathie Sophie *« Loi de réforme de la justice : procédure civile »* Dalloz Actualités 2 Avril 2019 ; Blanchet Juliette Loi de programmation 2018-2022 Impact sur la procédure civile et les voies d'exécution RLDA N°148 Mai 2019 p 4

[329] Antoine Garapon et Jean Lassègue « *Justice digitale* : révolution graphique et rupture anthropologique » Paris PUF 2018 292 p.

Des exemples tirés de domaines voisins vont permettre de comprendre qu'avec l'intelligence artificielle, tout est possible : ainsi, en matière d'art, on a fait entrer dans une machine l'ensemble des données possédées sur le peintre Rembrandt. Toutes les œuvres ont été englouties par la machine. Une fois le travail de programmation terminé, on a demandé à la machine de produire un « *portrait d'un homme de trois-quarts* » : la machine s'est exécutée et a créé – sur commande – une œuvre nouvelle originale (il ne s'agit pas d'une copie) traitée à la manière de Rembrandt... précision faite que l'œuvre ne comporte aucune erreur. Tout porte à croire que le peintre n'aurait pas fait mieux. La question que pose cette affaire en matière artistique est bien de savoir s'il s'agit d'une « œuvre » émanant d'un « artiste »[330]. Et si oui, qui est l'artiste ? Rembrandt ? La machine ? Son propriétaire ? L'inventeur du logiciel ?

Nous comprenons ainsi qu'en matière de justice, il est possible de demander à la machine d'absorber toute la jurisprudence et, une fois le travail effectué, lui demander de traiter un cas. Comme l'observe Jean René Binet *« sur les questions récurrentes, la machine intelligente devrait parvenir à qualifier juridiquement les faits à prévoir la réponse judiciaire au problème posé. Tremblons juristes nos jours sont comptés ! »*[331] On peut donc imaginer que la machine réponde « mieux » qu'un juge professionnel. Mais la « décision » qui sera rendue par la machine est-elle bien un « jugement » ? Et puis cette justice n'est-elle pas définitivement figée ? Comment un revirement jurisprudentiel est-il concevable dans un tel paysage ?

En dépit de toutes ces interrogations, l'automatisation de la justice civile est bien « en marche ». Un décret du 27 Mars 2020[332] portant création d'un traitement automatisé de données à caractère personnel, dénommé « *DataJus*t » est entré en vigueur en pleine période de pandémie de Covid-19 ; une « *erreur temporelle* » de publication qui a suscité l'indignation des avo-

---

[330] Xavier Labbee *« L'œuvre d'art le droit et l'humanité »* Recueil Dalloz N°16 2 Mai 2019 p 897

[331] J.R Binet « *Personnalité juridique des robots : une voie à ne pas suivre* » Dr. Famille 2017 repère 6.

[332] N° 2020-356

cats et des magistrats... mais qui témoigne d'une inexorable progression. Ce décret a ému plus d'un auteur mais également bon nombre d'avocats.

L'objet de ce décret est de « *permettre au ministère de la justice de concevoir un algorithme appelé Datajust sur la base de décisions rendues en matière de préjudice corporel par les cours d'appel et les cours administratives d'appel entre 2017 et 2019 et ceci dans quatre objectifs : procéder à des évaluations rétrospectives et prospectives des politiques publiques en matière de responsabilité civile ou administrative ; élaborer un référentiel indicatif d'indemnisation des préjudices corporels ; informer les parties pour favoriser un règlement amiable des litiges ; informer les juges à statuer sur ce type de contentieux* »[333] Que faut-il en penser ?

Il est facile de comprendre d'abord que le contentieux livré à la machine ne se résume pas nécessairement à des « petites affaires » d'un montant peu élevé. Il s'agit de transférer à la machine, par exemple, tout le contentieux de la responsabilité civile emportant des conséquences sur le terrain corporel. En d'autres termes, une fois le rapport d'expertise déposé, la machine applique le barème résultant de l'ensemble des décisions qu'elle a pu avaler. L'avocat est inutile et la décision n'est finalement pas un jugement mais un règlement. On a d'ailleurs du mal à comprendre pourquoi il faudrait encore aller en justice face à un tel procédé qui pourrait être enclenché automatiquement par les compagnies d'assurances elles-mêmes. La référence à la prohibition des « arrêts de règlement » devient pour le coup totalement oiseuse... puisque le règlement de l'affaire n'est même pas fait par un juge ! Et quand bien même un juge signerait la décision préparée par le robot pour l'authentifier (en attendant la généralisation de la signature électronique déjà en pratique dans les juridictions consulaires), il n'en demeure pas moins que le juge devient l'accessoire du robot. Et tout porte à croire qu'il sera très heureux de ce nouveau rôle qui ne lui donnera plus beaucoup à réfléchir ni plus grand-chose à faire. Et

[333] Olivia Dufour « *Qui a peur du décret Datajust ?* » Actu-juridique.fr 1er avril 2020

tout porte à croire que les victimes préféreront voir leur problème réglé par la machine (qui ne se trompe jamais) que par des avocats ou des juges qui ne sont pas à l'abri d'une erreur.

Dans un tel système, la justice devient immuable et figée : le revirement de jurisprudence n'existe plus. Tout au plus peut-on imaginer un revirement qui résulterait de la modification de l'algorithme... Qui modifiera l'algorithme ?

§ 3. Les affaires civiles complexes seront réglées ailleurs qu'au tribunal mais ne seront pas jugées

Le ministère de la Justice se débarrasse également des affaires civiles en les confiant à des tiers, non pas pour les juger mais pour les « régler »[334]: Mieux vaut effectuer un mauvais arrangement tout de suite qu'un procès encore plus mauvais qui prendra beaucoup de temps et dont l'issue devient imprévisible, tant la justice est devenue imprévisible. C'est ainsi que le droit des personnes et de la famille a été progressivement démantelé au profit du notaire (changements de régimes matrimoniaux, envois en possession, certificats de notoriété...) et des avocats (divorce par consentement mutuel... et bientôt tout divorce). Le droit des personnes et de la famille (et le droit civil en général) ne paraît plus intéresser la justice. Il est vrai que depuis longtemps, le droit de la famille a perdu toute mission éducative, se

[334] La loi n°2019-222 du 23 Mars 2019 de réforme de la justice permet à tout juge d'enjoindre les parties à un litige à rencontrer un médiateur afin de les inciter à poursuivre une procédure de médiation. Elle met également en place une obligation de résolution amiable des litiges, préalablement à toute saisine du juge devant le TGI, pour les recours tenant au paiement d'une somme inférieure à un certain seuil ou relatifs à un conflit de voisinage. L'objectif du gouvernement est de généraliser les modes alternatifs de règlement des différends afin que seules les affaires contentieuses, pour lesquelles les parties n'ont pas pu trouver de solution amiable, soient portées devant le juge. Il s'agit d'obtenir une réduction significative de la durée des procédures et du nombre d'affaires portées devant le juge afin d 'alléger le travail des juridictions, ce qui procède du principe d'une bonne administration de la justice (Conseil Const déc. 2019-778 21mars 2019 pt22 V° Geoffroy Meyer, editions-legislatives.fr « *Réforme de la justice : vers une généralisation des modes alternatifs de règlement des conflits* ».

bornant à garantir à tout un chacun le droit de faire ce qui lui plaît. On observe que l'avènement du divorce devant notaire à fait disparaître pour le coup la procédure de divorce avec ses règles de compétence : c'est normal puisqu'il n'y a plus de procès. On peut divorcer par consentement mutuel en n'importe quelle langue, en choisissant n'importe quel avocat sur la planète, pourvu que le dépôt puisse se faire chez n'importe quel notaire français. Mais ce divorce par consentement mutuel n'est plus un acte de justice et l'avocat n'est du coup l'auxiliaire de personne[335].

De manière générale, les modes alternatifs de règlement des différends (MARD) sont encouragés[336] car ils constituent des « circuits de dérivation du contentieux ». Dans de telles hypothèses, les parties elles-mêmes, avec ou sans le recours d'un avocat ou même d'un tiers, participent au règlement de leur conflit : le développement du MARD, fondé sur le dialogue et la concertation, devrait permettre aux justiciables de gérer eux-mêmes leurs litiges sans nécessiter l'intervention d'institutions étatiques. Le problème tient au fait qu'apparaît aujourd'hui le règlement amiable « en ligne »[337]. La médiation en ligne a même été encouragée par le président Macron lui-même[338] : les plateformes numériques devraient constituer la norme pour tous les litiges de la vie quotidienne (toujours pour alléger les juridictions). Certaines plateformes proposent aux participants un algorithme leur permettant de régler leur litige...[339] Comment

---

[335] De Cayeux « *La médiation avec avocats en matière familiale : guide pratique et clefs de la réussite* » AJ Fam n°11 2017 page 580

[336] Kirry A. « *Modes de résolution extrajudiciaire des litiges et droit des contrats* » Gaz. Pal n° 144 24 Mai 2014

[337] V° Chassagnard Pinet « *Le e-règlement amiable des différends* » Dalloz IP/IT N°10 Oct. 2017 p 506

[338] Macron « *Une justice pour notre temps* » Gaz pal n°11 mars 2017 page 16

[339] Berteloot Louis « Des plateformes, généralement établies outre Atlantique, vont même jusqu'à proposer des méthodes de traitement en ligne des litiges, qui recourent à un algorithme de négociation automatisée. Ainsi, en cas de litige simple, portant par exemple sur le paiement d'une créance, les parties vont saisir la plateforme, l'un pour sa requête, l'autre pour son offre, sans que ces données soient communiquées à la partie adverse. Si la marge différentielle entre les deux offres ne dépasse pas un pourcentage préalablement fixé, l'algorithme calcule un montant médian susceptible de

sont réglés les litiges sur une plateforme ? Et par qui ? Qui est derrière l'écran ? On ne le sait pas. Les principes directeurs du procès équitable n'ont en tout cas pas à s'appliquer puisqu'il n'y a pas de procès...[340] Pourtant, cette forme de règlement des litiges est encouragée par les plus hautes instances[341].

Ce serait faire preuve de naïveté que de croire que la déjudiciarisation profite au justiciable : un règlement amiable à marche forcée n'est pas nécessairement une bonne chose. C'est parfois le plus fort qui triomphe au détriment du plus faible qui finit par accepter en se soumettant ou en se résignant. Bien des avocats connaissent des divorces par consentement mutuel réalisés... pour mettre fin à des violences conjugales aigues. On règle une situation sans la juger. Dans la mesure où la règle de droit devient supplétive, pourquoi ne pas s'en débarrasser et « régler » les conflits en fonction d'autres paramètres ? Est-ce une bonne chose ? Un règlement alternatif est un signe de refoulement du droit : l'accord qui en résulte n'est pas nécessairement dicté par le droit. Le médiateur – fut-il notaire – n'est pas un juge. Les considérations relatives à l'élaboration de l'accord sont le plus souvent extra-juridiques.

Il est probable qu'un jour ou l'autre le procès civil - qui n'intéresse plus beaucoup les juges tant il est vrai qu'on ne les forme peut-être plus beaucoup au droit civil parce que c'est peut-être une matière subtile, difficile à enseigner et à assimiler - disparaisse faute de combattants[342]. La disparition du juge

---

recueillir un consensus des parties. Pour éviter une perte de temps, le nombre d'essais est généralement limité à trois » (Op.cit. page 17)

[340] Mallet Bricout « *Médiation et droit de la consommation : une avancée vers la généralisation du règlement extrajudiciaire des litiges* » RTD Civ Dalloz 04 décembre 2015

[341] V° Notes techniques sur le règlement des litiges en ligne, in Rapport de la Commission des Nations Unies pour le droit commercial international, juillet 2016. Page 92

[342] V° Clément Bergère Mestrinaro « *À la recherche du juge civil* » La Gazette du palais Actualités professionnelles, 18 Février 2020 « *Le 12 décembre 2019, la première présidence de la cour de cassation a déploré le manque de juges civils... les fonctions civiles sont réputées arides, techniques, peu vivantes et dénuées de contact avec le justiciable, voire de dimension humaine. N'en jetez plus ! Ce discours tendant à transformer le juge civil en moine solitaire*

civil entraînera celle de l'avocat : à quoi sert un avocat s'il n'y a plus de juge ? La nouvelle profession unique, annoncée de longue date par le rapport Darrois[343], réunissant les notaires et les avocats pourra alors apparaître. Elle apparaîtra d'autant plus facilement si l'on permet à l'ensemble des acteurs du droit d'accéder à la Machine.

Il y aura au fond deux manières de régler les affaires civiles : la première consistera dans le fait d'aller voir un professionnel titulaire du droit d'accès à la Machine ; la solution au litige sera alors dictée par la Machine. La seconde consistera dans le fait de régler soi- même le litige, ou de rencontrer un professionnel non agrée. Le litige sera réglé alors en fonction d'autres paramètres qui ne seront plus nécessairement juridiques. Mais l'essentiel n'est-il pas qu'il soit « réglé » ? Après tout, la violence peut être - aussi - un mode alternatif de règlement des conflits dans une société où la justice a disparu.

---

exerçant avec noblesse un art ésotérique peine à cacher un réel manque de considération... »

343 « *Rapport Darrois Une rénovation profonde de la profession d'avocat* » Dalloz-actualités 9 avril 2009

CONCLUSION

En marche vers le post-humanisme ?

Que conclure à l'issue de ce travail ?

Nous avons dit que la distinction faite par le droit entre les personnes et des choses constitue le fondement de notre système juridique et donc de notre civilisation. C'est la mission du droit que de régler les rapports entre les hommes et de décrire le pouvoir que les individus exercent sur les choses. Nous avons vu la place spécifique qu'occupe le corps humain dans cette distinction : le corps est alternativement considéré comme une chose ou comme la personne selon le cas.

Nous avons vu que la confusion des personnes et des choses est cependant en marche et qu'il est probable que dans un avenir relativement proche, un lien de nature unique pourra relier indifféremment les personnes et les choses et que l'on ne fera plus de différence entre elles. La définition juridique du corps humain dans ses rapports avec la personne aura dès lors perdu tout son intérêt. Plus profondément, c'est la règle de droit elle-même qui posera problème : à quoi ressemblera ce droit unique confondant les personnes et les choses ?

Nous avons observé que parallèlement, la transformation de la règle de droit et la disparition du procès sont également en marche. Il ne s'agit pas d'une coïncidence : demain on ne jugera plus une affaire mais on la « *traitera* » ou on la « *règlera* ». Dans ce « *traitement* » la machine aura un rôle prégnant et le juge deviendra rapidement son accessoire. Et nous pensons qu'il sera sans doute très heureux de son sort et que ce bonheur éphémère sera pour lui le prélude à sa disparition pure et simple. On ne parlera plus d'erreur judiciaire puisqu'il n'y aura plus de juge ! Et d'ailleurs comme « l'erreur est humaine » la question sera également réglée puisqu'il n'y aura plus d'humanité.

L'arrivée de l'humanoïde et du robot autonome signent la disparition de la personne humaine. La transformation de la règle de droit et la disparition du procès signent celle de l'humanité.

Est-ce pour autant la fin du monde ? Si nous nous dirigeons à marche forcée vers la post-humanité, il nous faut alors se poser la question : comment seront réglés les rapports entre les post-humains ? Quels seront les principes directeurs qui présideront au règlement de leurs rapports ? Pourront-ils s'inspirer de ceux qui ont guidé les humains ? Comment savoir ?

Il nous semble que la civilisation a été guidée par des principes fondateurs pour le droit, contradictoires ou complémentaires, évoluant autour des notions d'Amour et de Liberté. Les premiers ont été dictés par le Christianisme. Les seconds l'ont été par la Déclaration des droits de l'Homme. Nous pensons que ces deux mots pourraient résumer ce qui forme, dans une définition large et peut-être contestable, l'Humanisme[344].

Le Christianisme commande que les rapports entre les hommes doivent être guidés par l'Amour : *« Aimez-vous les uns les autres ! »*. Ce n'est pas une supplique mais un commandement donné par le Christ[345] comme une clé permettant une vie sociale harmonieuse. Mais encore faut-il s'accorder sur le

---

[344] L'idée commune selon laquelle l'humanisme serait un dérivé du christianisme (beaucoup ont parlé de l'humanisme chrétien) est cependant remise en cause aujourd'hui par des auteurs comme Laurent Fourquet (« Le Christianisme n'est pas un humanisme » Pierre Guillaume de Roux Ed. Avril 2018).

[345] Jean 13.34 « Je vous donne un commandement nouveau : aimez-vous les uns les autres, comme je vous ai aimés. Vous aussi, aimez-vous les uns les autres. À ceci, tous connaîtront que vous êtes mes disciples ». « Mais moi je vous dis : aimez vos ennemis, bénissez ceux qui vous maudissent, faites du bien à ceux qui vous haïssent et priez pour ceux qui vous maltraitent et qui vous persécutent » (Mathieu 5,44) « ... Car celui qui aime a accompli la loi » (Romains 13 8)

mot « amour » : que veut-il dire ? Le terme révèle le don de soi sans contrepartie. Le Christ est allé jusqu'à donner sa vie pour sauver l'Humanité, mettant directement en pratique le principe qu'il enseigne. Qui veut le suivre doit se détacher de ses biens[346] et rester chaste. L'amour suppose l'esprit de charité, mais aussi l'aptitude au pardon[347]et à la miséricorde. On en déduit qu'il n'est guère facile d'aimer... Il faut donner et pardonner, ce qui suppose une très grande force d'âme. Aimer n'est finalement pas à la portée du premier venu. Aussi, pour rendre le commandement acceptable, le message est doublé d'une espérance formidable (quasi transhumaniste) : ceux qui suivront ces préceptes auront droit à la vie éternelle. Ce qui suppose donc avoir la foi et croire sans preuve. Le Christianisme donne en tout cas aux hommes une clé pour leur permettre de vivre harmonieusement en société par le message d'amour qu'il véhicule et l'espérance qu'il suscite.

La Déclaration des droits de l'Homme en revanche, n'est pas une déclaration d'amour. Elle n'en parle pas plus que la Convention européenne des droits de l'homme ou même que le code civil. Ce mot est inconnu des juristes qui seraient en conséquence bien incapables de le définir. Mais elle nous parle de liberté : chacun doit pouvoir faire ce qu'il veut à condition de ne pas nuire à autrui[348]. Et la société doit garantir à chacun le droit de faire ce qui lui plaît. Nous comprenons aussi que ne pas nuire à autrui ne veut pas dire aimer : on peut détester ou ignorer son voisin sans pour autant lui nuire. Respecter l'autre n'est

---

[346] « Si tu veux être parfait, va, vends ce que tu possèdes, donne le aux pauvres, et tu auras un trésor dans les cieux. Puis viens et suis moi » (Parabole dite « du jeune homme riche » Mathieu 19, 16-30) « qu'il est difficile à ceux qui ont les richesses de parvenir dans le Royaumes des cieux. Oui, il est plus facile à un chameau de passer par un trou d'aiguille qu'à un riche d'entrer dans le Royaume des cieux »

[347] *« Pardonne-nous nos offenses comme nous pardonnons aussi à ceux qui nous ont offensé »* (prière du Notre père)

[348] Article 4 de la Déclaration des droits de l'homme : « La liberté consiste à pouvoir faire tout ce qui ne nuit pas à autrui : ainsi l'exercice des droits naturels de chaque homme n'a de borne que celles qui assurent aux autres membres de la société la jouissance de ces mêmes droits. Ces bornes ne peuvent être déterminées que par la loi »

pas l'aimer. La philosophie qui se dégage de la Déclaration des droits de l'Homme est donc essentiellement individualiste et peut paraître finalement égoïste. Tout ce qui n'est pas interdit par la loi est permis. On ne va pas au-delà de cette philosophie minimaliste. La Déclaration des droits de l'Homme ne semble guère altruiste. Et les libertés affichées par la Déclaration des droits de l'homme paraissent éminemment bourgeoises[349] : c'est d'abord le droit de propriété qualifié de *« droit naturel et imprescriptible»*[350] *«inviolable et sacré »*. Il n'est pas question de renoncer aux richesses comme dans le Christianisme mais plutôt de s'enrichir. Et l'on préfère parler de solidarité (souvent synonyme d'impôt) que de charité. La solidarité s'impose tandis que la charité ressort d'une démarche individuelle. D'autres illustrations de la liberté individuelle seront données par la Convention européenne des droits de l'homme[351]. Il est question par exemple de protéger la personne en son physique[352], assurer sa liberté de circulation, ou sa liberté de pensée[353] et de conscience[354] sans discrimination[355]. On découvrira dans les années

---

[349] Karl Marx a critiqué en ce sens la déclaration des droits de l'homme. V° Éric Engle *« les droits de l'homme selon le marxisme »* 29 Juin 2010 jurispedia.fr

[350] Article 2 Déclaration des droits de l'homme : « Le but de toute association politique est la conservation des droits naturels et imprescriptibles de l'homme. Ces droits sont la liberté, la propriété, la sureté et la résistance à l'oppression »

[351] Elle a été signée à Rome le 4 Novembre 1950 par les Etats fondateurs du Conseil de l'Europe et ratifiée par la France en 1974

[352] Article 3 de la Conv EDH : « Nul ne peut être soumis à la torture, ni à des peines ou traitements inhumains et dégradants »
Article 4 : « Nul ne peut être tenu en esclavage ni en servitude »
Article 5 : « Toute personne a droit à la liberté et à la sureté. Nul ne peut être privé de sa liberté, sauf les cas suivants et selon les voies légales »

[353] Article 10 : « Toute personne a droit à la liberté d'expression. Ce droit comprend la liberté d'opinion et la liberté de recevoir ou de communiquer des informations ou des idées sans qu'il puisse y avoir ingérence d'autorités publiques et sans considération de frontière Le présent article n'empêche pas les Etats de soumettre les entreprises de radiodiffusion, de cinéma ou de télévision à un régime d'autorisation»

[354] Article 9 : « Toute personne a droit à la liberté de pensée, de conscience et de religion ; ce droit implique la liberté de changer de religion ou sa

1960 la liberté sexuelle : les relations sexuelles sont libres dès lors qu'elles sont voulues et consenties, comme l'affirmera la cour EDH volontiers libertine[356]. Mais la volonté libre est-elle bien synonyme d'amour ? L'amour peut-il se réduire au sexe comme on l'a dit en 1968[357] ? Eros et Agape ne sont guère synonymes. Le droit civil des personnes et de la famille s'éloignera inexorablement des préceptes chrétiens édictés en ce domaine. La liberté peut paraître synonyme de facilité et finalement d'égoïsme. « *Je fais ce que je veux et toi tu m'appartiens* ». L'amour évoque plutôt l'exigence et l'altruisme « *Je fais ce que tu veux car moi je t'appartiens* ». Peut-on aimer un robot ? Il nous semble que celui qui aujourd'hui, achète une femme robot pense avant tout à lui et accomplit un acte égoïste, totalement étranger à la notion de mariage, qui ne mérite guère de commentaires tant il ne révèle que la solitude.

Comment conjuguer l'amour et la liberté ? Nous n'avons pas la réponse à cette délicate question qui constitue sans doute une énigme majeure pour la période que nous traversons actuellement, dominée par la haine et l'individualisme excessif. Il est possible d'ailleurs que ces notions ne soient pas conciliables[358].

---

conviction, individuellement ou collectivement, en public ou en privé par le culte, l'enseignement, les pratiques et l'accomplissement de rites »

355 Article 14 : « La jouissance des droits et libertés reconnus dans la présente convention doit être assurée sans distinction aucune fondée notamment sur le sexe, la race, la couleur, la langue, la religion, les opinions politiques, l'appartenance à une minorité, la fortune, la naissance.... »

356 La cour européenne des droits de l'homme reconnaîtra ainsi les pratiques sadomasochistes : « *Le droit d'entretenir des relations sexuelles découle du droit de disposer de son corps, partie intégrante de la notion d'autonomie personnelle dont relève la possibilité de s'adonner à des activités perçues comme étant de nature physiquement ou moralement dommageable ou dangereuse pour la personne : il en résulte que l'Etat ne peut intervenir en principe dans le domaine des pratiques sexuelles consenties qui relève du libre arbitre des individus* ». CEDH 17 Février 2005 Dalloz 2006 1206 obs. Galloux.

357 « *Faites l'amour, pas la guerre !* » Le slogan a été initialement lancé à l'époque aux Etats Unis (Make love not war) par les opposants à la guerre du Viêt-Nam.

358 Xavier Labbee « *Epouser une femme robot* » Gazette du Palais 5.12.2014 ; Serge Reggianni chantait « *Ma liberté* » et la conclusion de la chanson était

Tout au plus peut-on observer que les principes dictés par la Déclaration des droits de l'Homme peuvent s'imposer par la contrainte puisque la cour européenne est là pour les sanctionner. Il n'en va pas de même des principes dictés par le Christianisme qui ne sont pas revêtus de sanction étatique.

Il nous semble en tout cas que l'amour et la liberté peuvent servir de fondement à l'humanisme dans un sens très large et que ces notions ont pu sans doute inspirer le droit : seront-elles encore présentes dans la société post-humaine où il n'y aura plus d'humains[359] ? Comment les rapports entre les post-humains seront-ils réglés ? Il est très difficile de répondre à cette question. Tout au plus, peut-on essayer de deviner une réponse au travers de ce que nous observons déjà aujourd'hui et qui témoignerait de la période transitoire.

On peut d'abord penser qu'il n'y aura plus de palais de justice, de tribunaux, de juges et partant d'avocats, ni même de facultés de droit puisque par définition, le droit tel que nous l'entendons aujourd'hui n'existera plus. Il n'y aura d'ailleurs peut-être plus de sciences humaines, de médecine, d'art ou de religions.

Il n'est pas improbable non plus que l'être post-humain soit sensiblement différent physiquement de l'humain puisque il devra, par nécessité, être doté d'un corps suffisamment fort pour pouvoir continuer à évoluer dans le nouveau décor naturel, différent de celui que nous connaissons. Ce corps ne sera peut-être plus formé totalement de chair et ne correspondra peut-être plus au modèle humain actuel (deux bras deux jambes une tête) « *L'humanité ne survivra qu'en se rendant méconnaissable à elle-même* »[360] Peut-être sera-t-il entretenu par un mécanicien de haut niveau ?

---

celle-ci « *Ma liberté je t'avais tout donné... pourtant je t'ai trahie pour une prison d'amour et sa belle geôlière* »

[359] Gregor Puppinck « *Le transhumanisme et les droits de l'Homme* » in « Transhumanisme : questions éthiques et enjeux juridiques » (dir) P.L Boyer et Y Flour

[360] Besnier Jean Michel « *Demain le post-humanisme : le futur a-t-il encore besoin de nous ?* » Hachette 2009

Nous pouvons aussi imaginer que cet être nouveau quasi immortel puisqu'inusable, sera très intelligent car il aura accès à la connaissance infinie. Il sera sûrement doté d'une hypersensibilité dans la mesure où il aura été ainsi programmé dès sa mise en marche. Il ne se trompera jamais ne commettant par définition pas d'erreur. Mais l'on peut craindre qu'il ne sera plus doté de libre arbitre ni de conscience et qu'il ne sera plus capable de distinguer le bien du mal. Il ignorera sans doute les notions d'amour et de liberté qui auront disparu.

Si les notions de faute et de culpabilité n'auront de ce fait plus lieu d'être, les « écarts de conduite » plus ou moins importants existeront sans doute toujours impliquant toujours un devoir de réparation tant pour celui qui en est la victime que pour celui qui les a commis. Il faudra toujours réparer la victime (ou assurer, selon l'expression déjà employée aujourd'hui, sa « *reconstruction* ») et corriger l'auteur du fait préjudiciable.

On peut imaginer que cette mission réparatrice sera confiée à une espèce d'instance unique (qui ne sera ni exclusivement juge, ni exclusivement médecin, ni exclusivement mécanicien mais un peu des trois en même temps). La réparation de la victime se fera en fonction de barèmes objectifs (puisque tous les êtres post-humains sont identiques) encore plus précis que notre réglementation actuelle. Elle concernera aussi l'auteur des faits : comment expliquer le fait dommageable ? Résulte-t-il d'une situation purement accidentelle ou d'une erreur de programmation ? Pourquoi le musicien que je viens d'engager pour jouer Chopin a-t-il joué Beethoven ? L'individu qui a causé le dommage est-il réparable et si non faut-il l'éliminer ou le reconfigurer sous un autre identifiant ?

Il est possible que la société post-humaine ne connaisse ni l'Amour ni la Liberté et oublie la vengeance et le pardon, la méchanceté et la bonté, la cruauté et la compassion qui sont autant de notions qui caractérisent l'humanité. De ce fait, la justice sera devenue étrangère à ce monde parfait formé d'être nouveaux, mi personnes mi choses dans lequel il n'y aura sûrement plus d'espérance. On peut imaginer en revanche que le post-humanisme sera synonyme de soumission et de passivité : l'être post-humain sera soumis aux règles voulues et appliquées par la Machine, règles dont il ne pourra s'écarter sous peine de correction ou d'élimination. Peut-être sera-t-il heureux ?

Dieu avait envoyé son fils au milieu des hommes pour leur proposer de partager sa divinité. Un homme se rendra-t-il chez les post-humains pour leur proposer de partager son Humanité ?

Qui sauvera les post-humains ?

BIBLIOGRAPHIE

OUVRAGES

ATLAN Henri (AUGE Marc, DELMAS Mireille) Le clonage humain Paris Seuil 1999 ;

ATLAN Henri L'utérus artificiel Paris Seuil Essais 2005 ;

AUDRY (A) Le dispositif médical Que sais-je ? 2009

BABIN Dominique Manuel d'usage et d'entretien du post-humain, Flammarion 2004

BALIVET (M) Les dispositifs médicaux implantables actifs explantés : comment les éliminer ? Euro pharmat CHU d'ANGERS 11 Octobre 2011 BATEMAN Simone « l'amélioration humaine, trois usages trois enjeux » Médecine/science volume 28 Octobre 2012

BAUD (JP) L'affaire de la main volée Une histoire juridique du corps Seuil Mars 1993

BAUDON Jacques La science- fiction Paris PUF « Que sais-je » 2003,

BEHAR TOUCHAIS Martine *Les objets connectés,* IRJS Ed, 2018, 358 p.

BERSINI De l'intelligence humaine à l'intelligence artificielle Paris Ellipses 2006 ; BENSOUSSAN Alain et BENSOUSSAN Jérémie « *IA, robots et droit* » juillet 2019 Bruylant (Larcier) 632 p.

BESNIER Jean Michel Demain les post-humains, Le futur a-t-il encore besoin de nous Hachette 2009 ; L'homme simplifié, le syndrome de la touche étoile Paris Fayard 2012 ;

BOUGRAB (J) DE BROCA (A) Code du handicap 2011 Dalloz ;

BOUJEKA Les politiques de protection des personnes handicapées (journées d'études ATHAREP) Collection droit et justice ouvrage publié avec le concours du CNRS et de la ville de Paris) Bruyland 2009 ;
BOURCIER *Droit et intelligence artificielle* Ed Romillat 2000 La décision artificielle, le droit, la machine et l'humain Paris Puf *« les voies du droit »* 1995 ;
CHANGEUX Jean Pierre L'homme artificiel au service de la société Paris Odile Jacob 2007 ;
CLARK (B), HUGH JONES (R) Melting down hips ans knees : the after life of implants, 21 Février 2012 bbc News magazine
DAVID Aurel Structure de la personne humaine 1956 LGDJ ;
DAVID Aurel « la cybernétique et l'humain » Paris Gallimard 1965 ; DESCAMPS Philippe « l'utérus, la technique et l'amour L'enfant de l'ectogénèse » Paris PUF 2008 ;
DOUEIHI Milad *« L'humanisme numérique »* 2011, 192 p La librairie du XXIIeme siècle, Seuil
DUFOUR Olivia « *Justice : une faillite française* » LGDJ Coll. forum Mai 2018 ;
ENJALBERT (M) Robotique, domotique et handicap Paris MASSON 2001 ; FERRI Tony Homo catenarius. La surveillance électronique pénale comme système de chaîne à la patte Paris L'Harmattan 2017 La surveillance électronique pénale, son statut, son sens ses effets. Paris Bréal 2017 105p
FUKUYAMA Francis La fin de l'homme. Les conséquences de la révolution biotechnique. Paris La table ronde 2002 ;
GARAPON Antoine et Jean Lassègue « J*ustice digitale* : révolution graphique et rupture anthropologique» Paris PUF 2018 292 p.
GOLDSTEIN La structure de l'organisme Gallimard 1951
GUESLIN (A) STICKER (HJ) Handicaps, pauvreté et exclusion dans la France du XIX siècle Les éditions de l'Atelier Paris 2003 ;
GUILLOT Agnès La bionique Quand la science imite la nature Paris Dunod 2008 ;
HEUDIN Robots et avatars Odile Jacob 2009 ;

HOQUET Thierry Cyborg Philosophie. Penser contre les dualismes, Paris, Seuil, « l'ordre philosophique » 2011 ; J

OHNSON The bionic Human Humana Press 2006 ; KEMPF La révolution biolithique : humains artificiels et machines animées Albin Michel Sciences 1998 ;

LABBEE Xavier « *la condition juridique du corps humain avant la naissance et après la mort* » 1990 Presses universitaires de Lille, réédition 2012 LAZARO Christophe « la prothèse et le droit » 2016 IRJS Editions *Les voies du droit*, 480 Pages presses du Septentrion.

LECOURT Dominique Humain, post-humain MOURGES MOLINES L'industrie du handicap en question Prospective et santé n°26 été 1983 (revue trimestrielle)

NEIRINCK Claire *De la bioéthique au bio droit* Paris LGDJ 1994 ;

POPU Hélène « La dépouille mortelle est une chose sacrée » Thèse Lille II L'Harmattan 2009 ;

La robotique médicale 1984 La jaune et la rouge n°400

RABISHONG (P) Le handicap au futur Prospective et santé n°26 été 1983 ROZENBERG (JJ) Bio cognition de l'individualité Philosophèmes de la vie et du concept PUF 1992

SIMONPAOLI (Y) Manuel de technologie de prothèse Masson 1991 ; SUPIOT Alain Homo juridicus Essai sur la fonction anthropologique du droit, Paris Seuil la couleur des idées 2005 ; Alain Supiot « *La gouvernance par les nombres* » Essais Paris Fayard, 2015, 512 pages.

WILLMANN (dir) La science-fiction. Entre Cassandre et Prométhée Nancy PU Nancy 2010 ; ZUCMAN Auprès de la personne handicapée. Une éthique de la liberté partagée. Eres aout 2011

N.MATHEY Le commerce électronique dans la loi n°2004-575 du 21 Juin 2004 pour la confiance dans l'économie numérique : contrats, conc. consom. 2004 Chron 13 ARNAUD Les pratiques contractuelles du SMS RDC 2008/2 p 557

TRAITÉS

Traité des droits de la personnalité Lexis Nexis 2013

JR Binet et Bernard Beignier Droit des personnes et de la famille LGDJ 4eme Ed. p 245

Philippe Malaurie, Les personnes, 5eme Edition, 2000, Ed Cujas).

THÈSES ET MÉMOIRES

Bayer Elodie *« Les choses humaines »* Thèse Toulouse, 2003 (dir. Revet) LGDJ 455 pp.

Ettackchi Mohamed *le droit de la responsabilité à l'épreuve du robot humanoïde* » mémoire master Lille 2020).

Ginossar *Droit réel propriété et créance* LGDJ 1960, 213 p.

Guegan «*L'élévation des robots à la vie juridique*» Thèse Toulouse 1 Avril 2016

Goubeaux Gilles « *L'accessoire en droit privé* » LGDJ 1969, 542 pages V° également Marion Cottet « *Essai critique sur la théorie de l'accessoire en droit privé* » LGDJ 2013, 544 pp

Labbee Xavier *La condition juridique du corps humain avant la naissance et après la mort*. Préface de Jean Jacques Taisne PU Lille 1990 rééditée en 2012 aux Presses universitaires du Septentrion.

Lalou René *« Etude de la maxime infans conceptus »* Thèse Paris 1904, A. Rousseau Ed.

Marguenaud Jean Pierre *L'animal en droit privé*. Thèse Juin 1993, Préface de Claude Lombois PUF

Messager Mélanie La responsabilité et l'intelligence artificielle Mémoire master Lille 2021

Nevejans Nathalie « *Traité de droit et d'éthique de la robotique civile* » 2017, LEH Editions, 1232 p

Sebag Louis « *La condition juridique des personnes physiques et morales avant leur naissance* » Thèse Paris, 1938.

COLLOQUES ET OUVRAGES COLLECTIFS

« *L'humain augmenté* » (Edouard Kleinpeter dir.) CNRS Editions, Les essentiels d'Hermès. 2013 219 pages

« *La vie humaine mise sur le marché* » (Xavier Labbée dir.) Lille 2 Novembre 2002 LPA Numéro Spécial

« *L'homme augmenté* » (Xavier Labbée dir.) Lille 2 Colloque du 2 Juin 2013, PU Septentrion 2015

« *Droit et science-fiction* » (P.J Delage dir.) Colloque Limoges Octobre 2011 Collection « les voies du droit » IRJS ed. 2013

« *Droit des êtres humains et droits des autres entités* » colloque du 19 Mai 2019 Montpellier

« *La greffe jusqu'où* ? « (Bérengère Legros dir) Colloque Lille Revue de droit médical 2015

« *L'humain et ses prothèses* » (Cristina Lindermeyer dir.) Savoirs et pratiques du corps transformé CNRS Editions Paris 2017 280 pages

« *Transhumanisme : questions éthiques et enjeux juridiques* » (Yvonne Flour et Pierre Louis Boyer dir.) Académie Catholique de France UCO Parole et Silence 427 pages.

« *Le bracelet électronique : état des lieux, état des savoirs* » 13 Janvier 2016 (dir. Annie Kensey Ministère de la justice) pse.sciencesconf.org

NOTES ET CHRONIQUES

Antoine Suzanne *Un animal est-il une chose ?* » Gaz.Pal 1994, 1 Doct, 594

Bartholeyns Frédérique et Christine Guillain « *La division tripartite des infractions en question* » Journal des Tribunaux Vol 37 p 654-658 (Belgique)

Bensoussan A. *« le temps est venu de créer un droit des robots les dotant d'une personnalité juridique et d'une entité juridique »* JCP G 2016 N° 51, 1403.

Bensoussan « les robots ont-ils une personnalité ? » Planète robots, n°19 janvier-février 2013 p 92

Bergère Mestrinaro Clément *« À la recherche du juge civil »* La Gazette du palais Actualités professionnelles, 18 Février 2020

Binet J.R « *Personnalité juridique des robots : une voie à ne pas suivre* » Dr. Famille 2017 repère 6.

Blery C. « *Signature électronique des jugements de tribunaux de commerce : l'arrêté technique* » Dalloz actualités, 19 Avril 2019

Bouteille Brigant « intelligence artificielle et droit : entre tentation d'une personne juridique d'un 3eme type et avénement d'un « transjuridsme » Petites affiches mars 2018 N°62 p 7

Brunet «*Variations spéculatives autour de la liberté procréative des femmes : l'hypothèse de l'ectogénèse* » in Delage (dir) « Science-fiction et science juridique » p 43 et suiv

Cayol Amandine « *Avant la naissance et après la mort : l'être humain, une chose digne de respect* » CRDF N°9 2011 page 117 et suiv.

Cayol Amandine « *le droit de la responsabilité civile face au développement de l'intelligence artificielle* » Droit et patrimoine 2020 N°298 page 36

Chassagnard Pinet « *Le e-règlement amiable des différends* » Dalloz IP/IT N°10 Oct. 2017 p 506

Chomiac P-X « *un droit autonome pour les voitures autonomes* » RLDI 2017 N°133 page 52

Cornet « *robots companions and ethics : a pragmatic approach of ethicals design »* in Des robots et des hommes Journal international de bioéthique avril 2013 pp 49 -58

Coustet Thomas Dalloz Actu 19 Avril 2018 *« injonction de payer : la future procédure dématérialisée suscite l'inquiétude »* ;

Daups « *le robot, bien ou personne ? » un enjeu de civilisation ?* Petites affiches mai 2017 N° 094 p.7

De Cayeux « *La médiation avec avocats en matière familiale : guide pratique et clefs de la réussite* » AJ Fam n°11 2017 page 580

Delage PJ « *Les androïdes rêveront ils de la personnalité juridique ?* » in « Science-fiction et science juridique » IRJS

Demogue « *La notion de sujet de droits. Caractères et conséquences* » RTD Civ 1909, p 611

Dufour Olivia « *Qui a peur du décret Datajust ?* » Actu-juridique.fr 1er avril 2020

Iweins Delphine « *Les robots sont-ils nos ennemis* » Gazette du Palais 28 Juin 2016

Jeuland *Justice numérique justice inique* ? Les cahiers de la justice 02 Juin 2019 p 193

Kirry A. « *Modes de résolution extrajudiciaire des litiges et droit des contrats* » Gaz. Pal n° 144 24 Mai 2014

Garnerie Laurence « *Dématérialisation : le défenseur des droits met en garde les pouvoirs publics* » Gazette du Palais n°03, du 22 Janvier 2019

Garnerie Laurence *Vers une modernisation de l'audience ?* Gazette du Palais, 15 Décembre 2021.

Garnerie Laurence « *Le masque et la défense* » Gazette du Palais N°30 du 8 Septembre 2020[1]

Garnerie Laurence « *Recours et manifestation contre la visio conférence au assises* » Gazette du Palais N°41 du 24 Novembre 2020 ;

Garnerie Laurence « *Et pourtant elle tourne* » Gazette du Palais N° 42 du 1er décembre 202

Labbee Xavier « *La gueule de l'autre* » - Tribune Dalloz 23 Mars 2006 page 801

Groffe Jérôme « *De l'humain réparé à l'humain augmenté : naissance de l'anthropotechnie* » in « l'humain augmenté » (coll. Dir E. Kleinpeter)

Queval Isabelle « *S'augmenter pour se dépasser* » in *l'humain et ses prothèses* Lindermeyer (dir) 2017 CNRS Ed. p 19 et suiv.

Labbee Xavier *"Le chien prothèse", note ss TGI Lille, 23 mars1999 : D. 1999, p. 350 et D. 2000, p. 750*

Labbee Xavier *L'androïde le cyborg et les lois bioéthiques* Les petites affiches 27 Mai 2011 n°105 page 7

Labbee Xavier *« la dépouille mortelle est une chose sacrée »* note sous TGI de Lille 6 Janvier 2011 JCP 31 Janvier 2011 ;

Labbee Xavier *L'hologramme, la téléprésence et l'être immatériel* Gazette du Palais 20.09.2012 page 11 ;

Labbee Xavier *L'homme augmenté* Dalloz 11.10.2012 page 2323 ;
Labbee Xavier *Les instruments de prothèse et la mise en bière.* Petites Affiches26 Juillet 2012 n°149 pages 3 et 4 ;
Labbee Xavier *Le cyborg accidenté de la route* Gazette du Palais n°26 Janvier 2013
Labbee Xavier Sur la saisie d'un dentier : TGI de Lille 21 Avril 1981. Gaz Pal 1983 n° 205 à 207 note sous CA de Douai 20 Mars 1985 JCP 1985 20 365.;
Labbee Xavier « *Le cyborg et les lois bioéthiques* » Collection « les voies du droit » IRJS (actes du Colloque Droit et Science-Fiction Limoges Octobre 2011) ;
Labbee Xavier « *Avoir une bonne tête* » Gaz Pal 1.08.2013 ; *« greffons et prothèses »* in « la greffe jusqu'où ? » revue de droit médical 2015 ;
Labbee Xavier « *Faut-il être médecin pour diriger une recherche biomédicale visant à augmenter les capacités de l'individu* » D 2250 14 novembre 2014 ;
Labbee Xavier *« le robot sexuel, le viol et la pédophilie »* Gazette du Palais 26.09.2017 N°32 p.14
Labbee Xavier *« le sujet de droits sujet connecté ? »* Gazette du Palais 31.10.2017 N°37 p 14 ; *« le*
Labbee Xavier *« le corps humain connecté »* La gazette du Palais 6 Mars 2018 n° 9 p 14
Labbee Xavier *« la danseuse nue avait une jambe artificielle »* La gazette du Palais 25 Juin 2019 N°21 page 14 ;
Labbee Xavier *« la fin du monde, la fin du droit ou la transition juridique »* Dalloz 24 Janvier 2019 n°2 ;
Labbee Xavier *« L'œuvre d'art le droit et l'humanité »* Recueil Dalloz N°16 2 Mai 2019 p 897
Labbee Xavier *« faut-il personnifier la voiture autonome » ? Dalloz 19 Septembre 2019 N° 31*
Labbee Xavier « *Où est passée l'assignation numérique ?* » Février 2021, Actu-juridique
Labbee Xavier, *Le domicile numérique* La gazette du Palais, 18 Février 2020, N°7 page 11
Larret Chahine « *Les robots ne remplaceront pas les avocats* » LPA N° 207 du 17 Octobre 2017

Le Boedec Maurel Berengère « *Juger face à un écran* » Gazette du Palais N° 23 du 23 Juin 2020.
Loiseau Gregoire : *Personnalité des robots, une monstruosité juridique* JCP 2018 p 597
Loiseau Des robots et des hommes D 2015 p 2369
Loiseau La voiture qui tuait toute seule D.2018 p 793
Mallet Bricout « *Médiation et droit de la consommation : une avancée vers la généralisation du règlement extrajudiciaire des litiges* » RTD Civ Dalloz 04 décembre 2015
Martin-Serf A *Du domicile à la résidence* RTD Civ. 1978 p 535
Marguenaud Jean Pierre *La protection juridique du lien d'affection envers un animal* Recueil Dalloz. 2004, page 3009.
Marguenaud Jean Pierre *La personnalité juridique des animaux* Recueil Dalloz 1998, p 459
Mainguy Daniel *La personnalité juridique des robots* In colloque « Droits des êtres humains et droits des autres entités » Montpellier, 19 Mai 2019.
Memeteau « *Prothèse et responsabilité du médecin* » D. 1976 Chron. Page 9.
Mendoza-Caminade : « *Le droit confronté à l'intelligence artificielle des robots : vers l'émergence de nouveaux concepts juridiques ?* » D. 2016 p 445 ;
Morain Eric « *Fracture numérique de la langue française* » Gazette du Palais, tribune 29 Septembre 2020
Picq Marielle « *La prothèse et le droit* » Petites affiches 1996,
Revet Thierry *La consécration de la propriété des créances par le conseil constitutionnel* RTD Civ. 2010, p 514
Tcherkessoff Olivier *Justice prédictive : la justice sans les hommes* In « Transhumanisme : questions éthiques et enjeux juridiques » pages 153 et suiv.
Türk Pauline « *Citoyenneté, technologie et transhumanisme* » in « *Transhumanisme : questions éthiques et enjeux juridiques* » op. cit. page 321 et suiv.
Villa François « L'humain peut-il faire corps avec ses prothèses ? in l'humain et ses prothèses (Lindermeyer dir.) CNRS Editions p 37 et suiv.

TABLE DES MATIÈRES

Structures éditoriales du groupe L'Harmattan

L'Harmattan Italie
Via degli Artisti, 15
10124 Torino
harmattan.italia@gmail.com

L'Harmattan Hongrie
Kossuth l. u. 14-16.
1053 Budapest
harmattan@harmattan.hu

L'Harmattan Sénégal
10 VDN en face Mermoz
BP 45034 Dakar-Fann
senharmattan@gmail.com

L'Harmattan Cameroun
TSINGA/FECAFOOT
BP 11486 Yaoundé
inkoukam@gmail.com

L'Harmattan Burkina Faso
Achille Somé – tengnule@hotmail.fr

L'Harmattan Guinée
Almamya, rue KA 028 OKB Agency
BP 3470 Conakry
harmattanguinee@yahoo.fr

L'Harmattan RDC
185, avenue Nyangwe
Commune de Lingwala – Kinshasa
matangilamusadila@yahoo.fr

L'Harmattan Congo
67, boulevard Denis-Sassou-N'Guesso
BP 2874 Brazzaville
harmattan.congo@yahoo.fr

L'Harmattan Mali
ACI 2000 - Immeuble Mgr Jean Marie Cisse
Bureau 10
BP 145 Bamako-Mali
mali@harmattan.fr

L'Harmattan Togo
Djidjole – Lomé
Maison Amela
face EPP BATOME
ddamela@aol.com

L'Harmattan Côte d'Ivoire
Résidence Karl – Cité des Arts
Abidjan-Cocody
03 BP 1588 Abidjan
espace_harmattan.ci@hotmail.fr

Nos librairies en France

Librairie internationale
16, rue des Écoles
75005 Paris
librairie.internationale@harmattan.fr
01 40 46 79 11
www.librairieharmattan.com

Librairie des savoirs
21, rue des Écoles
75005 Paris
librairie.sh@harmattan.fr
01 46 34 13 71
www.librairieharmattansh.com

Librairie Le Lucernaire
53, rue Notre-Dame-des-Champs
75006 Paris
librairie@lucernaire.fr
01 42 22 67 13

www.ingramcontent.com/pod-product-compliance
Lightning Source LLC
LaVergne TN
LVHW021213061026
849535LV00008B/2719
* 9 7 8 2 3 4 3 2 3 6 1 2 4 *